JN200581

大学の戦略的経営手法

岩崎 保道【編著】

大学教育出版

まえがき

　戦後、我が国の大学市場は拡大の一途をたどった。それは、文化・経済・科学技術の発展に大きく寄与し、1960年代における高度経済成長を支える人的資源を供給するなどの大きな役割を担った。しかし、社会環境の変化を背景として、大学を取り巻く社会環境は大きく変わってきた。少子高齢化による社会活力の低下、学術研究の高度化、生涯学習の重視による学習需要の拡大、社会的価値観の多様化、情報化の進展などを背景として、大学の基本的機能である教育研究の高度化（あるいは質の向上）や社会貢献が強く求められるようになった。このように、大学を取り巻く環境が激しく変わり、大学に対する社会的な要請や政策的な外圧も強くなって、大学は組織改革を推進せざるを得ない状況下に置かれている。そのため、大学が積極的に経営戦略を立案し、機能強化を図る必要性が高くなった。

　以上を踏まえ、経営基盤の強化、学生募集戦略、戦略的広報活動、大学間の提携の戦略的活用、地域連携の戦略的展開、大学発ベンチャーの展開、人的資源の開発や向上、国際教育交流と大学の戦略、財政戦略に関するものを取り上げる。それぞれのテーマに関わる経営戦略の必要性、動向や環境、政策的展開、事例紹介などの戦略的経営手法について説明する。

　主な読者として、大学生や大学院生、大学の教職員、大学経営の研究者など、大学経営について学ぼうとする方を想定している。本書を参考にして、大学経営に関わる知識や大学が抱える課題、さらには大学の戦略的経営手法について学んでいただきたい。

　最後に、出版の機会を与えていただいた大学教育出版、特に、編集等で並々ならぬご支援いただいた佐藤守氏には、心からの感謝とお礼を申し上げる次第です。

2015年11月

編著者　岩崎　保道

大学の戦略的経営手法

目　次

第 1 章

大学の経営戦略と機能強化

1.1　大学の基本的機能

1.1.1　大学の基本的機能（教育研究と社会貢献）

　大学は、教育・文化、科学技術・学術、医療、産業・経済等社会の発展の基盤として中核的な役割を担う重要な機関である。その機能は、教育、研究、社会貢献に分類できる[1]。すなわち、大学の主な役割は「人材育成」「学術研究の実践」「教育・研究の社会還元」を行うことにある。具体的には、次の活動が行われる。

　教育は、専門教育や教養教育などの講義・実習や学生指導などを通じて人材育成が行われる。講義は、大学の目的や学部・学科の目的に沿った講義が体系的・計画的に実施される。また、大学は学生支援を体系的に行って人格形成を行う場でもある。さらに、教育は学問や文化を承継する役割を果たしている。

　研究は、ある課題について学術的に調査・分析などを行い考察を深める。学術的な活動を通じて、社会的な問題を解決したり何かを創出する知的生産の役割を果たす。

　社会貢献は、教育研究活動で蓄積された知的資源や教育施設を基に実施されるものであり、地域貢献（地域の生涯学習機会の拠点、公開講座、リカレント、社会人教育（夜間大学、通信制）、産学官連携、国際交流（留学生交換、教員派遣、eラーニングの遠隔教育、海外キャンパス）、施設開放（図書館、グラウンド、地域の交流機会）、高大連携などが該当する。このことにより、

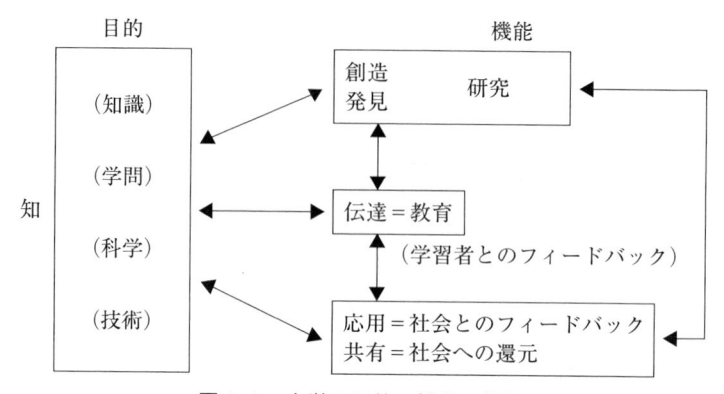

図 1-1　大学の目的・機能の構造

（喜多村和之『現代の大学・高等教育 — 教育の制度と機能』玉川大学出版部、p.245、1999 年　を一部引用して作成）

豊かな社会生活の形成や地域社会の発展に寄与することが期待される。

　図 1-1 は大学の教育、研究、社会への還元の関係を示すものである。大学は、知識、学問、科学、技術などの「知」を獲得する目的を持つ。それを展開する機能として、研究（創造や発見、発明を行う）、教育（「知」を学習者に伝達する）、そして、研究や教育に培われた「知」が社会に還元される。これが大学の目的・機能の構造であり、社会的責務でもある。

1.1.2　設置者別（国立大学、公立大学、私立大学）にみた特徴

　大学に求められる役割・機能を設置者別にみると、表 1-1 で示す特徴がある。国立大学には、国民に対する高等教育の機会均等の確保と高度な学術研究の推進に加え、地域活性化を図る知的拠点の中核的役割が求められる。さらに、大学改革を牽引する役割が求められる（1.3.2 で後述する）。国立大学の中には、国家的観点に立って地域再生への貢献、人材育成、大規模研究などの政策的課題を持つ大学や研究中心型の特徴を持つものもある。また、国立大学協会（2011）は、国立大学として強化すべき機能として、「国際的な教育研究のネットワークの一員として、高度の教育研究とイノベーションの推進に中核的な役割を果たしているナショナルセンターとしての機能を徹底して強化しなけ

ればならない。そして同時に、地域の産業・経済活動、教育・文化・芸術・スポーツ活動、医療活動、歴史・文化の保存・伝承など、地域振興の全般にわたって地域社会に不可欠なリージョナルセンターとしての機能を抜本的に強化する必要がある」と指摘しており、国家的観点と地域的観点の広い観点より大学の機能を強化することを求めている[2]。

　公立大学は、地方公共団体が設置・管理するという制度の下、地域社会の知的・文化的拠点として、その発展を志向する事業展開が求められる。すなわち、地域に根付いた教育研究を通じて活性化させるなどの地域貢献を重視した取組みが期待される。例えば、看護・保健系など、地域に必要な専門的人材を育成する機能を持つ大学がある。公立大学が地域貢献を重視している点は、多くの公立大学が掲げる建学の精神や中期目標計画から読み取ることができる。

　私立大学は、建学の精神に基づいた私学独自の特色や自主性を活かした事業展開が求められる。我が国では、高度経済成長期（1950 年代中盤）以降、私

表 1-1　大学に求められる役割・機能

種　別	求められる主な役割・機能
国立大学	1.　世界最先端の学術研究の推進 2.　社会的な需要は必ずしも多くなくとも多様な価値観を創造する学問の承継 3.　高等教育の国際的な質の確保や大学間交流の促進 4.　全国的にバランスのとれた地域配置 5.　地域の産業界との連携などで地域活性化を図る知的拠点の中核として機能 6.　意欲と能力のある者が経済的理由によって修学を断念しないよう高等教育の機会均等の確保 7.　社会情勢を踏まえた一定の分野における専門人材の養成 8.　我が国の大学改革の牽引
公立大学	地域のニーズを踏まえ、地域社会の発展への貢献を主軸にした高等教育の提供
私立大学	建学の精神に基づく私学の特色、機動性を活かした多様な高等教育を提供

（文部科学省ウェブサイト：http://www.mext.go.jp/b_menu/shingi/chukyo/chukyo4/031/siryo/attach/1293339.htm, 2015 年 10 月 24 日確認）

立大学が高等教育サービスの拡大（あるいは社会的ニーズ）に大きく寄与してきた経緯があることから、多様で特色ある取組みが期待される。

　大学の基本的機能は設置者が異なっても共通する趣旨を持つが、具体的な実現の方法や大学個別の目的・目標は、設置者ごとに異なっている。

　なお、中央教育審議会「我が国の高等教育の将来像（答申）」（2005）では、「大学は、全体として①世界的研究・教育拠点、②高度専門職業人養成、③幅広い職業人養成、④総合的教養教育、⑤特定の専門的分野（芸術、体育等）の教育・研究、⑥地域の生涯学習機会の拠点、⑦社会貢献機能（地域貢献、産学官連携等）等の各種の機能を併有するが、各大学ごとの選択により、保有する機能や比重の置き方は異なる。その比重の置き方が各機関の個性・特色の表れとなり、各大学は緩やかに機能別に分化していくものと考えられる」と指摘している。つまり、大学の機能は画一的ではなく、大学の理念や教育ビジョンの下、社会的ニーズや地域性に応じた組織が形成される。すなわち、学長のリーダーシップの有り様や人的資源や資本設備などの経営資源の保有環境によって個別の状況が異なるものであり、中期目標計画などを通じて各大学における具体の機能（あるいは、大学の個性や特徴）がつくられていく。

1.2　大学の経営環境の変化

　近年、社会環境の変化を背景として、大学を取り巻く社会環境が大きく変わってきた。新興国の台頭による国際競争の激化、生産拠点の海外移転による産業空洞化、グローバル化（国際競争力の強化）など、我が国を取り巻く経済環境は厳しさを増した。また、少子高齢化による社会活力の低下、学術研究の高度化、生涯学習の重視による学習需要の拡大、社会的価値観の多様化、情報化の進展などを背景として、大学の基本的機能である教育研究の高度化（あるいは質の向上）や社会貢献が強く求められるようになった。それにともない、大学の存在意義や大学と地域との関わりが改めて問われるようになり、大学の社会的責任（USR: University Social Responsibility）をどう果たしていくのかが大きな課題となった[3]。さらに、社会環境の変化や制度改革に対応するた

め、大学業務も多様化・複雑化しており、取組み結果としての具体的な成果を公表することの重要性が増した（社会に対する説明責任）[4]。

　このような経営環境の下、大学が積極的に経営戦略を立案し、機能強化を図る必要性が高くなった [5]。羽田（2005）は「積極的に管理運営や経営をしなければならない時代への転換は、大衆化による大学の規模の拡大、高等教育に対する政府財政の縮減をはじめとするもろもろの要因よってである」と指摘した [6]。大学に対する社会的な要請や政策的な外圧も強くなって、大学の機能強化や組織改革を推進せざるを得ない状況下に置かれている。また、古賀（2010）は「経営環境の変化を受け、大学も生き残りをかけた変革に着手し始めている。その方向性を一言で表現するならば「企業化」である。これは従来企業に導入されてきた経営の考え方や手法を大学に導入し、大学経営の改革を図るというものである」と指摘し、企業化の様相として「トップマネジメントの権限強化」「大学経営・教育の公開」「民間企業の経営管理手法の導入」を挙げている [7]。大学が行う教育研究等の事業は公共性を持っており、それを支えるのが経営基盤であることから、運営や財政面において安定した継続性のある運営が不可欠になる [8]。従って、大学経営の強化を目的とする企業化の促進は、"マネジメント"を強く意識した戦略の一つとして当然の取組みである [9]。

1.3　大学政策の展開

　近年、大学改革を政策的に促進する動きが活発である [10]。本節では、2013 ～ 2015 年までの主な政策的展開を紹介する。特に、国立大学に対しては、第3 期中期目標・中期計画の策定に当たって、業務全般の見直しと高い水準が求められた点に注目されたい。

　第 2 期「教育振興基本計画」（2013 年 6 月 14 日閣議決定）（対象期間：2013 ～ 2017 年度）においては、「大学等には、新たな知と価値を創造・発信し、能動的に社会をリードしていくことが求められている反面、産業界など社会の期待に十分応えられていない、あるいは、よりスピード感を持って改革を進めるべきなどの指摘がなされている」という課題が挙げられ、さらに「今後、需要

の見込まれる分野における厚みのある中核的・専門的人材層を確保するため、産業界等のニーズを踏まえた実践的な職業教育を強化する必要がある。このように、社会経済構造の変化に対応した高等教育修了者の養成を質・量ともに充実させる必要性が今後一層高まってくると考えられる」と指摘している[11]。また、「日本再興戦略」においては、「国立大学が全体を支える形で、人文社会から自然科学まで多様かつ重要な学問分野の継承・発展を基礎とし、新領域や融合分野など新たな価値を生み出す学問領域を創出し、地域・日本・世界が直面する経済社会の課題解決に貢献していく必要がある」と指摘している[12]。このように、大学それぞれが危機感を持って教育研究や組織などの改革に積極的に取り組み、確実に社会に寄与する役割を果たすべく、地域をはじめ国家的レベルの課題解決や地域再生・活性化のエンジンとなる機能が求められている。

1.3.1 「大学改革実行プラン」（2012年6月）

　2012年に文部科学省は「大学改革実行プラン」を示した。これは、我が国が直面する課題や将来想定される状況をもとに、目指すべき社会、求められる人材像・目指すべき新しい大学像を念頭におきながら、大学改革の方向性をまとめたものである。同省は「大学の持っている本来の役割を社会全体に認めてもらえるよう、精力的に大学改革に取り組んでいく」としている[13]。大学改革の方向性として、「Ⅰ．激しく変化する社会における大学の機能の再構築」「Ⅱ．大学の機能の再構築のための大学ガバナンスの充実・強化」が示された（表1-2）。さらに、大学改革の成果として「生涯学び続け主体的に考える力をもつ人材の育成、グローバルに活躍する人材の育成、我が国や地球規模の課題を解決する大学・研究拠点の形成、地域課題の解決の中核となる大学の形成など、社会を変革するエンジンとしての大学の役割が国民に実感できること」を目指すこととされた[14]。

　同プランの実行期間は教育振興基本計画期間に合わせ、2012年度は改革始動期（国民的議論・先行的着手、必要な制度・仕組みの検討）、2013〜2014年度は改革集中実行期（改革実行のための制度・仕組みの整備、支援措置の実施）、2015〜2017年度は改革検証・深化発展期（取組みの評価・検証、改

表 1-2　大学改革の方向性

Ⅰ. 激しく変化する社会における大学の機能の再構築	Ⅱ. 大学の機能の再構築のための大学ガバナンスの充実・強化
① 大学教育の質的転換と大学入試改革 ② グローバル化に対応した人材育成 ③ 地域再生の核となる大学づくり（COC（Center of Community）構想） ④ 研究力強化：世界的な研究成果とイノベーションの創出	⑤ 国立大学改革 ⑥ 大学改革を促すシステム・基盤整備 ⑦ 財政基盤の確立とメリハリある資金配分の実施 ⑧ 大学の質保証の徹底推進

（文部科学省「大学改革実行プラン」p.2、2012 年）

の深化発展）と定めた。

1.3.2　国立大学の改革

　国立大学法人は、文部科学大臣が定める 6 年間の中期目標に基づいて中期計画を策定し、その達成度を国立大学法人評価委員会が評価することが義務付けられている。これは、国立大学の法人化（2004 年）を契機とする制度改革であるが、政府による国立大学の管理の仕組みを従来の直接管理方式から、目標管理などによる間接管理方式に変えるものであり、各国立大学は自助努力による主体的で効率的な大学経営を従来よりも要請されるようになった[15]。その経緯を踏まえ、国立大学は以下の改革や組織の見直しが求められた。

　① 「国立大学改革プラン」（2013 年 11 月）

　2013 年に文部科学省は「国立大学改革プラン」を示した。これは、各大学の強み・特色を最大限に生かし、自ら改善・発展する仕組みを構築することにより、持続的な「競争力」を持ち、高い付加価値を生み出す国立大学を目指すものである。また、機能強化の方向性を「世界トップレベルの教育研究拠点」「日本トップの研究拠点」「地域活性化機関」のいずれかにより形成させることとした（表1-3）。同プランは第2期中期目標期間中に示され、第3期中期目標期間（2016〜2021 年度）に向けて、持続的な"競争力"を持ち、高い付加価値を生み出す国立大学の確立を果たそうとするものである。

表 1-3　国立大学における機能強化の方向性

◆世界最高の教育研究の展開拠点 ・優秀な教員が競い合い人材育成を行う世界トップレベルの教育研究拠点の形成 ・大学を拠点とした最先端の研究成果の実用化によるイノベーションの創出
◆全国的な教育研究拠点 ・大学や学部の枠を越えた連携による日本トップの研究拠点の形成 ・世界に開かれた教育拠点の形成 ・アジアをリードする技術者養成
◆地域活性化の中核的拠点 ・地域のニーズに応じた人材育成拠点の形成 ・地域社会のシンクタンクとして様々な課題を解決する地域活性化機関

（文部科学省「国立大学改革プラン」p.4、2013 年）

② 「国立大学法人等の組織及び業務全般の見直しについて」（2015 年 6 月）

　2015 年に文部科学省は、国立大学法人等に対して「国立大学法人等の組織及び業務全般の見直しについて」を通知した。そこにおいて、「第 3 期中期目標・中期計画の策定に当たっては、各法人が一層の質的向上を目指し、高い到達目標を掲げるとともに、その目標を実現する手段や検証指標を併せて明記するなど、より戦略性が高く意欲的な目標・計画を積極的に設定することが求められる」として、「(1) 国立大学法人の組織及び業務全般の見直し」「(2) 教育研究、運営等の業務全般の見直し」を求めた [16)]。特に、(1) については「ミッションの再定義」で明らかにされた各大学の強み・特色・社会的役割を踏まえた、速やかな組織改革に努めることとされた [17)]。その結果、第 3 期中期計画の素案において、人文社会科学系がある 60 大学のうち、学部・大学院の組織見直しを計画している大学が半数以上を超え、組織改編が大きく進む可能性が高まった。また、第 2 期中期計画に比べ、数値目標や具体的な達成状況（達成時期、判断基準）を掲げる大学が飛躍的に増えた [18)]。

③ 「国立大学経営力戦略」（2015 年 6 月）

　2015 年に文部科学省は「国立大学経営力戦略」を公表し、「国立大学は、法人化のメリットをこれまで以上に生かし、闊達な教育研究とそれを通じた積極的な社会貢献を十分に意識し、新たな経済社会を展望した大胆な発想の

転換の下、新領域・融合分野など新たな研究領域の開拓、産業構造の変化や雇用ニーズに対応した新しい時代の産業を担う人材育成、地域・日本・世界が直面する経済社会の課題解決などを図りつつ、学問の進展やイノベーション創出などに最大限貢献できる組織への転換等を自ら押し進めていくことが求められる」と述べた[19]。そのうえで、経営力を強化するための方策として、「(1) 大学の将来ビジョンに基づく機能強化の推進」「(2) 自己変革・新陳代謝の推進」「(3) 財務基盤の強化」「(4) 未来の産業・社会を支えるフロンティアの形成」を示した[20]。

1.4　大学の経営戦略と機能強化の必要性

龍ほか（2005）は、「大学の戦略の要素」として、以下の点を挙げた。(1) 及び (2) は、新しいニーズに対応した実効性のある専攻や教育カリキュラムの開発や改革が求められる。(3) は、ローコストを実現するには迅速で的確な経営手腕が要求されるが、それを実行するための IR（Institutional Research）や目標管理制度などの活用が求められる[21]。(4) の顧客は、在校生、教育費を負担する父母、卒業生、地域コミュニティ、卒業生を雇用するビジネス界が想定される。大学が、そのような利害関係者（あるいは社会）を満足させる、質のよい教育サービスを継続的に提供していくことが求められる。(5) は、（業務の質を維持しつつも）事業の効率化・迅速化を目的としてアウトソーシングを図ることが不可欠である[22]。現状では、高度で専門的な能力が要求される業務に拡大している。また、業務の拡大や充実のため、他の教育研究機関などとのコラボレーションを有効に活用するべきである[23]。

大学の戦略の要素

(1) 市場に先駆けた教育的商品・サービスの開発
(2) 学問分野のライフサイクル上の位置に沿ったカリキュラム構成
(3) 本部機能の高度化とローコストオペレーション
(4) 教育の品質、価格、サービスの観点で顧客に慶びを与える
(5) アウトソーシングとコラボレーションによって経営のスピードをアップする

（龍ほか、p.172、2005）

　大学改革を成功に導くためには、学長がリーダーシップを発揮することにより経営資源を有効かつ戦略的に活用し、大学機能の充実や強化に努めていくことが不可欠である。そのためには、経営資源の開発・質的向上やガバナンスの充実、学内における運営ビジョンの共有化、教職員のモチベーションの向上など多様な要素を原動力として、機能強化に努めていかねばならない。

　第2期「教育振興基本計画」（2013年）においては、「大学等の個性・特色の明確化とそれに基づく機能の強化（機能別分化）の推進」として「各機関はそれぞれが保有する機能や、その比重の置き方の濃淡として表れる個性・特色を明確化し、かつ、その内容と取組の状況を可視化するとともに、各機関の個性・特色を生かした教育研究活動の展開にとって重要な機能等に資源を重点的に投入し、そうした機能が十分に発揮、強化されるよう各機関における改革を進める必要がある」と言及している[24]。すなわち、大学が掲げる教育研究理念の下、各々の個性や特色を踏まえたビジョンを実現すべく、経営資源を基盤として大学改革に取り組んでいくことが示唆された。

　このような取組みは、地方に立地する大学においては大きな意味を持つ。中央教育審議会「我が国の高等教育の将来像（答申）」（2005）においては、高等教育の地域配置に関する考え方として「人材の流動性や遠隔教育の普及等とともに、地方の高等教育機関は地域社会の知識・文化の中核として、また、次代に向けた地域活性化の拠点としての役割をも担っていることに留意する必要がある」と指摘しており、地域間格差の拡大による教育条件の低下や学習機会に関する格差の増大等が発生しない政策を講ずることを求めた。近年では、「地方創生」をキーワードとする自律的で持続的な社会創生が策定されており、地方大学の機能強化を中核として社会の活性化に寄与するような展開が強く期待されている[25]。

1.5　大学の基礎データ

　図1-2は、18才人口及び大学進学率の経年変化を示したものである。「(A)18才人口」は2009年度まで減少傾向にあったが、その後、横ばい（120万人程度）で推移している。大学進学率は、大学や短期大学等の「(B) 大学等進学率」「(C) 大学（学部）進学率」により示した。2009年度まで右肩上がりであったが、その後、横ばいで推移している。2015年度は (B) は54.5%（前年度より0.7ポイント増加）、(C) は48.8%（前年度より0.8ポイント増加）となった。現在、我が国の大学等進学率は50%を超えており、米国の社会学者マーチン・トロウが提唱した高等教育制度の段階的移行におけるユニバーサル段階に到達している。ユニバーサル段階は、万人に進学の機会を提供するものであり、多数の学生に高度産業社会で活躍するために必要な準備が与えられた状態をいう。

　表1-4は、学校数および学生数の推移（2005年度および2015年度）を設置者別にみたものである。両年度を比較すると学校数の合計は、53校（7.3%）

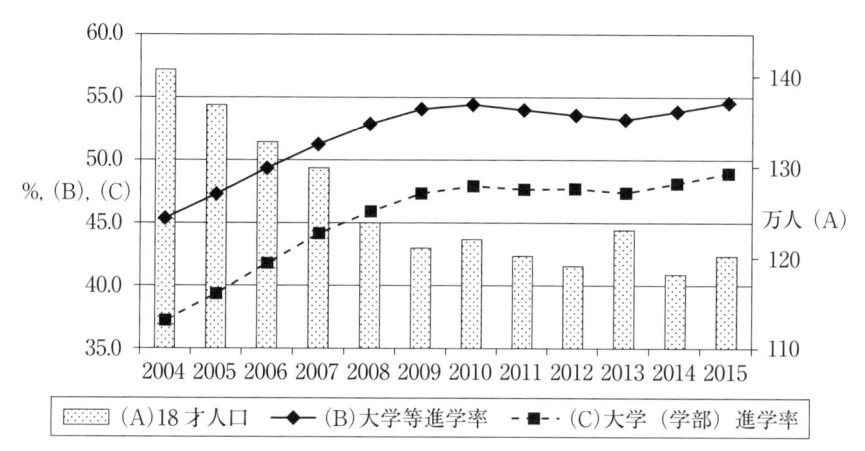

図1-2　18才人口の推移及び大学進学率

（内閣府ウェブサイト：http://www8.cao.go.jp/cstp/tyousakai/kihon5/1kai/siryo6-2-7.pdf, 文部科学省「学校基本調査」各年度を基に作成）

表 1-4　学校数及び学生数の推移

年度 種別	2005 年度				2015 年度				増減率（%）	
	学校数	割合(%)	学生数	割合(%)	学校数	割合(%)	学生数	割合(%)	学校数	学生数
国立大学	87	12.0	627,850	21.9	86	11.0	610,694	21.4	▲1.1	▲2.7
公立大学	86	11.8	124,910	4.4	89	11.4	148,762	5.2	3.5	19.1
私立大学	553	76.2	2,112,291	73.7	604	77.5	2,100,413	73.4	9.2	▲0.6
合計	726	100.0	2,865,051	100.0	779	100.0	2,859,869	100.0	7.3	▲0.2

（文部科学省「学校基本調査」2015 を基に作成）

増加しており、私立大学の増加（51 校、9.2%）が要因となっている。学生数は合計で 5,182 人（▲ 0.2%）減少しており、国立大学（17,156 人、▲ 2.7%）および私立大学（11,878 人、▲ 0.6%）が要因となっている。10 年間の状況を比較すると、合計として学校数は増加しているが、学生数は減少している。ただし、この傾向は私立大学の影響を色濃く受けており、国立大学および公立大学の状況とは異なっている。

　なお、国立大学協会や日本私立学校振興・共済事業団　私学振興事業本部などの大学団体が大学経営の改善方策や事例等を公表しているので、参考にしてほしい [26]。

注
1)　教育基本法は、「大学は、学術の中心として、高い教養と専門的能力を培うとともに、深く真理を探究して新たな知見を創造し、これらの成果を広く社会に提供することにより、社会の発展に寄与するものとする（同法第 7 条第 1 項）」と規定している。このように大学は、学術を中心として、専門性を培い、応用的能力を展開させるとともに、専門の学術を教授研究し、さらに、その成果を社会の発展に寄与することが求められている。
2)　国立大学協会「国立大学の機能強化 ― 国民への約束 ―【中間まとめ】」p.2, 2011 年。
3)　USR については、7.1.1 を参照されたい。
4)　学校教育法施行規則第 172 条の 2 において、各大学等において教育情報の公表を行う必要がある項目が明確化されている。
5)　戦略とは、「長期的・全体的展望に立った闘争の準備、計画、運用の方法」を意味する（三省堂『大辞林』）。
6)　羽田貴史「大学管理運営論」有本章，羽田貴史，山野井敦徳編『大学教育概論 ― 大学の基

礎を学ぶ ―』ミネルヴァ書房、p.32、2005 年。

7)　古賀暁彦「大学経営の企業化」早田幸政、諸星裕、青野透編『大学教育論入門 ― 大学教育のこれから ―』ミネルヴァ書房、pp.154-155、2010 年。

8)　教育基本法は、「法律に定める学校は、公の性質を有するものであって、国、地方公共団体及び法律に定める法人のみが、これを設置することができる（同法第 6 条第 1 項）」と規定している。

9)　「トップマネジメントの権限強化」の詳細は第 2 章を参照されたい。

10)　戦後の大学制度の発展については、岩崎保道「大学の基本的機能と動向」岩崎保道編『大学政策論』大学教育出版、pp.7-10、2011 年を参照されたい。

11)　閣議決定「教育振興基本計画」p.11、2013 年。

12)　閣議決定「日本再興戦略 改訂 2015 ― 未来への投資・生産性革命 ―」p.8、2015 年。

13)　文部科学省ウェブサイト、http://www.mext.go.jp/b_menu/houdou/24/06/1321798.htm、2015 年 10 月 13 日確認。

14)　文部科学省「大学改革実行プラン」p.2、2012 年。

15)　江原武一『転換期日本の大学改革 ― アメリカとの比較』東信堂、pp.206-207、2010 年。

16)　文部科学省「国立大学法人等の組織及び業務全般の見直しについて」pp.2-4、2015 年。

17)　「ミッションの再定義」とは、各国立大学と文部科学省が意見交換を行い、研究水準、教育成果、産学連携等の客観的データに基づき、各大学の強み・特色・社会的役割（ミッション）を整理したものである。詳細は、文部科学省ウェブサイト：http://www.mext.go.jp/a_menu/koutou/houjin/1341970.htm, を参照されたい。

18)　事後に目標計画の達成状況が明確になり、適切な検証がしやすくなる期待が持てる。

19)　文部科学省「国立大学経営力戦略」p.1、2015 年。

20)　文部科学省、同書、pp.3-6。

21)　目標管理制度については、石渡朝男『実務者のための私学経営入門（改訂版）』法友社、pp.91-114、2010 年を参照されたい。

22)　アウトソーシングの活用事例として、旅費支払いや人事・給与支払い、物品調達、キャンパス施設および図書館の管理運営、病院の管理運営、広報、留学生対応などがある。

23)　大学間の提携については、第 6 章を参照されたい。

24)　閣議決定「教育振興基本計画」前掲書、pp.72-73。

25)　「7.2 大学の地域連携を推進する政策動向」を参照されたい。

26)　例えば、国立大学協会「国立大学の機能強化 ― 国民への約束 ―【中間まとめ】」2011 年、日本私立学校振興・共済事業団『大学・短期大学の経営基盤強化事例集』2011 年、日本私立学校振興・共済事業団『私立学校運営の手引き』平成 24 年 3 月改訂版、2012 年などがある。

参考文献

石渡朝男『実務者のための私学経営入門（改訂版）』法友社、2010 年。

岩崎保道「大学の基本的機能と動向」岩崎保道編『大学政策論』大学教育出版、2011 年。

江原武一『転換期日本の大学改革 ─ アメリカとの比較』東信堂、2010 年。

国立大学協会「国立大学の機能強化 ─ 国民への約束 ─【中間まとめ】」2011 年。

喜多村和之『現代の大学・高等教育 ─ 教育の制度と機能』玉川大学出版部、1999 年。

古賀暁彦「大学経営の企業化」早田幸政、諸星裕、青野透編『大学教育論入門 ─ 大学教育のこ
　れから ─』ミネルヴァ書房、2010 年。

中央教育審議会「我が国の高等教育の将来像（答申）」2005 年。

羽田貴史「大学管理運営論」有本章、羽田貴史、山野井敦徳編『大学教育概論 ─ 大学の基礎を
　学ぶ ─』ミネルヴァ書房、2005 年。

マーチン・トロウ（天野郁夫、喜多村和之訳）『高学歴社会の大学』東京大学出版会、1976 年。

文部科学省「国立大学法人等の組織及び業務全般の見直しについて」2015 年。

文部科学省「国立大学改革プラン」2013 年。

文部科学省「大学改革実行プラン」2012 年。

文部科学省ウェブサイト：
　http://www.mext.go.jp/b_menu/toukei/chousa01/kihon/kekka/1268046.htm, 2015 年
　10 月 26 日確認。

龍慶昭、佐々木亮『大学の戦略的マネジメント』多賀出版、2005 年。

第 2 章

大学の戦略的な経営を支えるガバナンス

2.1 大学のガバナンスと経営戦略

本章では、我が国の大学におけるガバナンス改革の必要性ならびにガバナンスに関わる最近の法改正、国公私立大学のガバナンスの違い、学長のリーダーシップについて説明する[1]。大学の使命は、第1章で述べたように、教育活動、研究活動、そして教育研究活動を通じた社会貢献活動である。大学におけるガバナンスは、各大学が目指す目的を達成するための手段である。特に、大学の目的を達成させるための直接的な政策として「教育活動政策」「研究活動政策」「社会貢献活動政策」があり、それらの活動を支える間接的な政策として「マーケティング政策」「人的資源政策」「財政政策」などが存在し、それぞれに経営戦略がある（図 2-1）。ここでは、次節以降で展開される、大学における個別具体的な戦略論を支えるためのガバナンスのあり方について議論する。

2.2 大学におけるガバナンス改革の必要性

大学は、教育活動や研究活動、社会貢献活動を達成するため、多くの異なるステークホルダーに対して責任を負う。公共性が高い法人ほど、ステークホルダーはより広い範囲に及び、その意思を法人運営に直接反映させることは難しくなる。そのため、法人ごとに独自のガバナンスの仕組みが設けられている[2]。これまで我が国の大学の組織運営は、同僚制といわれる教員を中心とし

各大学における教育活動・研究活動・社会貢献活動（目的）

政策の運営・実行

教育活動政策	研究活動政策	社会貢献活動政策
①特色化の戦略	①特色研究開発戦略	①産官学連携戦略
②国際交流戦略	②科研獲得戦略	②高大連携戦略
③教育環境整備戦略	③受託研究獲得戦略	③地域連携戦略
マーケティング政策	人的資源政策	財政政策
①入試戦略	①業務評価戦略	①外部資金調達戦略
②広報戦略	②人材育成戦略	②寄付金獲得戦略
③ブランディング戦略	③給与システム戦略	③事業構想戦略

目的を達成するため各大学は経営戦略を策定（手段）

制度や仕組みを整備

大学のガバナンス（経営と内部統制）

図2-1　大学のガバナンスと経営戦略
（筆者作成）

た大学構成員の自律的運営を基礎としていた。しかし、現代社会は、グローバル化や情報化、少子高齢化などの大きな環境の変化の中にあり、大学においても、この環境の変化に迅速に対応できる組織運営体制の構築が必要となってきた。つまり、大学を運営するという意識から大学を経営するという、パラダイム・チェンジ（Paradigm Change）[3] が必要になった。よって、大学経営は、誰がどのような責任と権限と方法で組織を戦略的に運営していくのかが問われることとなる。

2.3　学校教育法および国立大学法人法の一部改正について

　大学におけるガバナンスの改革を推進するため、2014年6月に学校教育法および国立大学法人法が改正された（表2-1）[4]。学校教育法の改正は、①副学長の職務について、「副学長は、学長を助け、命を受けて校務をつかさどる」と改正された（第92条第4項）。②教授会の役割については、「教授会は、学長が教育研究に関する重要な事項について決定を行うに当たり意見を述べることとする」「教授会は、学長及び学部長等がつかさどる教育研究に関する事項について審議し、及び学長及び学部長等の求めに応じ、意見を述べることができることとする」と改正された（第93条）。

　国立大学法人法の改正は、①学長選考の基準・結果等の公表について、学長

表2-1　学校教育法および国立大学法人法の改正のポイント
（筆者作成）

学校教育法の改正ポイント	
副学長の職務について （第92条第4項関係）	・副学長は、学長を助け、命を受けて校務をつかさどる
教授会の役割について （第93条関係）	・教授会は、学長が教育研究に関する重要な事項について決定を行うに当たり意見を述べることとする ・教授会は、学長及び学部長等がつかさどる教育研究に関する事項について審議し、及び学長及び学部長等の求めに応じ、意見を述べることができることとする

国立大学法人法の改正ポイント	
学長選考の基準・結果等の公表について （第12条関係）	・学長選考会議は学長選考の基準を定めることとする ・国立大学法人は、学長選考の基準、学長選考の結果その他文部科学省令で定める事項を遅滞なく公表しなければならないこととする
経営協議会について （第20条第3項、第27条第3項関係）	・国立大学法人等の経営協議会の委員の過半数を学外委員とする
教育研究評議会について （第21条第3項関係）。	・国立大学法人の教育研究評議会について、教育研究に関する公務をつかさどる副学長を評議員とする

選考会議は学長選考の基準を定めることとし、国立大学法人は、学長選考の基準、学長選考の結果その他文部科学省令で定める事項を遅滞なく公表しなければならないとした（第12条関係）。

　このように、大学政策のひとつとして大学のガバナンス改革に伴う学長のリーダーシップの強化が進められている。大学は伝統的に専門職集団である教員の合議制で組織を運営してきたという経緯がある。これは「同僚モデル」とも呼ばれ、教授会メンバーである仲間の判断すなわち専門職としての判断が、経営上も第一の優先度であるという考え方である[5]。これは「教授会自治」とも連動する。こうした伝統的な組織運営からトップマネジメントを発揮しながら組織を経営していく形態へと変化しつつある。

2.4　大学の設置形態別にみるガバナンスの違い

2.4.1　国立大学法人のガバナンス

　国立大学では2004年の法人化以降、国立大学法人が国立大学を設置することとなり、国立大学法人法に則って経営されている。国立大学法人の経営は、最終的には法人の長である学長が意思決定を行う責任と権限を有する[6]。学長の意思決定を支えるための機関として、学長と理事で構成された役員会が置かれ、大学運営全般に関わる重要な事項はこの役員会の議を経なければならない（図2-2）。また、役員会とは別に経営協議会と教育研究評議会が設置されている。経営協議会は、国立大学法人の経営に関する重要事項を審議する機関である。教育研究評議会は、国立大学の教育研究に関する重要事項を審議する機関である。国立大学法人では、これらのすべてに学長が構成員として入っているため、学長に強い権限が集中している。

2.4.2　公立大学法人のガバナンス

　公立大学法人は、2015年4月現在で70法人設置されている[7]。公立大学法人は、大学の設置及び管理を行うことを目的とするものであり、地方独立行政法人の一形態である（法人法第68条、同第21条第2号）[8]。公立大学法人で

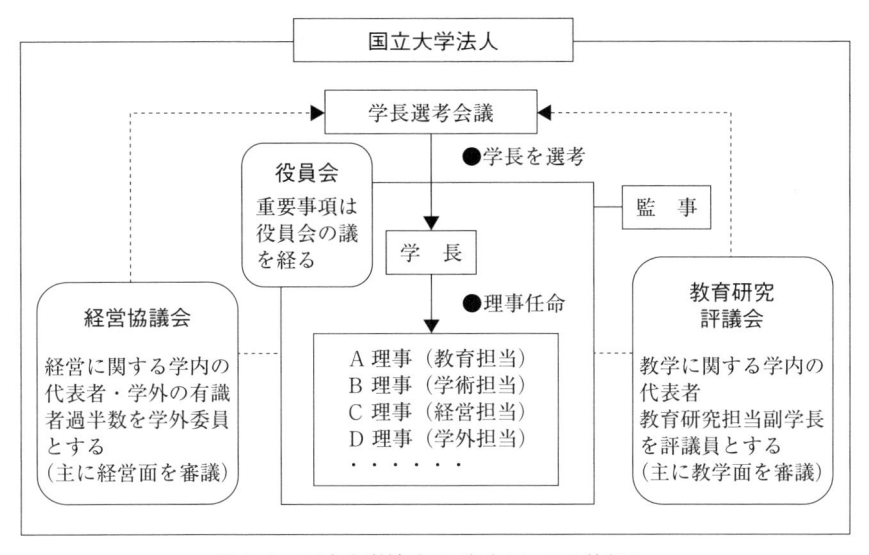

図 2-2　国立大学法人のガバナンスの仕組み
（中央教育審議会大学分科会：審議まとめ（2014）を基に筆者作成）

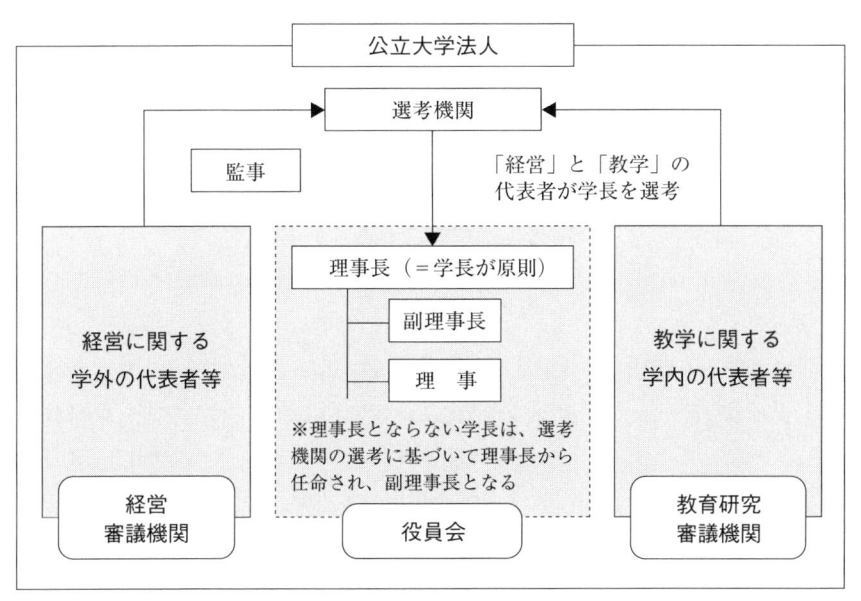

図 2-3　公立大学法人のガバナンスの仕組み
（中央教育審議会大学分科会、同書を基に筆者作成）

は、理事長が学長を兼ねる理事長・学長一体型が原則である（図2-3）。ただし、定款で定めることによって学長を理事長と別に任命することができる。この分離型の場合には、改めて理事長からの任命を受けずに当該公立大学法人の副理事長となる（法人法第71条7項）[9]。また、定款で定めるところにより、公立大学法人の経営に関わる重要事項を審議するため経営審議機関が置かれ（法人法第77条1項）、大学の教育研究に関する重要事項を審議する機関として教育研究審議機関が置かれている（法人法第77条3項）。

2.4.3　学校法人のガバナンス

　学校法人制度においては、学校法人が私立学校（私立大学等）を設置・運営する（図2-4）。学校法人は、役員として理事5人以上および監事2人以上を置かなければならない。また、理事をもって組織する理事会が置かれる。理事会は、学校法人の業務を決し、理事の職務の執行を監督する役割を担う。理事長は、学校法人を代表し、その業務を総理する。監事の職務は、学校法人の業務監査や学校法人の財産の状況を監査することなどである。さらに、学校法人には評議員会を置かなければならない。評議員会の役割は、学校法人の業務若しくは財産の状況または役員の業務執行の状況について、役員に対して意見を述べ、もしくはその諮問に答え、または役員から報告を徴することである。

2.5　学長のリーダーシップに関する先行研究

　リーダーシップとは「与えられた状況で、目標達成のため、個人、ないし集団に影響を及ぼすプロセス」[10] として定義されることが多い。1995年9月の大学審議会答申「大学運営の円滑化について」においては、学長・学部長のリーダーシップの発揮とそのための諸条件について言及した。1998年10月の大学審議会答申「21世紀の大学像と今後の改革方策について ― 競争的環境の中で個性が輝く大学 ―」では、学長のリーダーシップの下に、実効的な意思決定システムの確立と強いリーダーシップの発揮が求められる旨が盛り込まれた。2012年8月の中央教育審議会「新たな未来を築くための大学教育の質

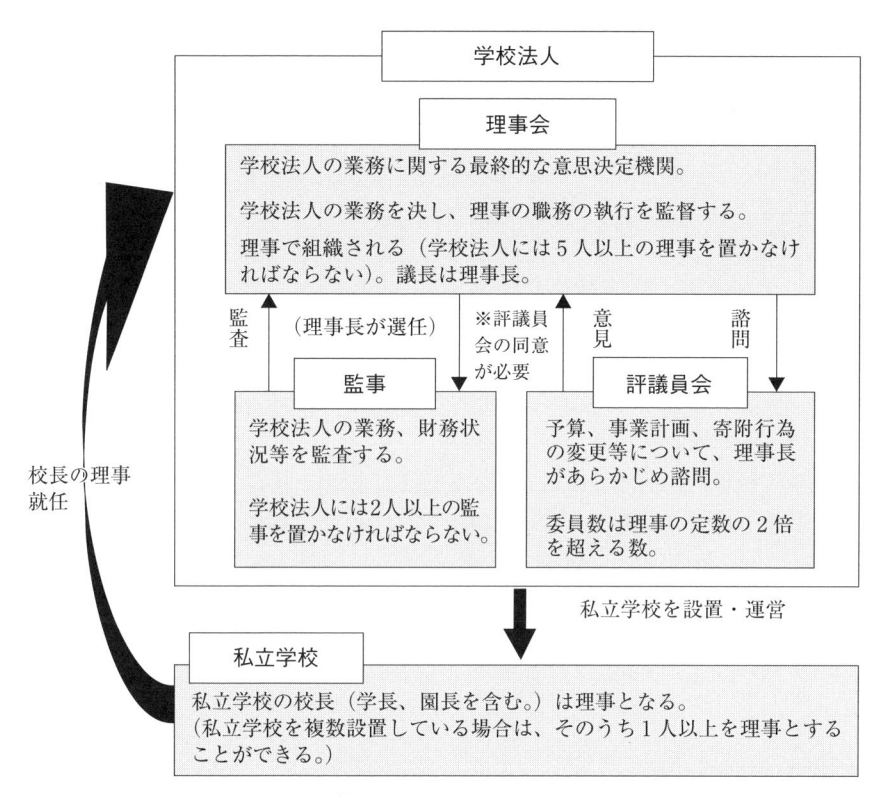

図2-4　学校法人のガバナンスの仕組み
（中央教育審議会大学分科会、前掲書を基に筆者作成）

的転換に向けて ― 生涯学び続け、主体的に考える力を育成する大学へ ― 」では、学長のリーダーシップの下で、全学的な教学マネジメントを確立させることが求められた。また、それを支えるガバナンスと財政基盤の確立も求められていることから、理事会との関係構築にも注力していかなければならないとされた。加えて、学部長の選任についても大学教育の改革サイクルの確立を図るチームの構成員としての適任性も重要であると指摘した。

　学長のリーダーシップに関する最近の研究は、『名古屋高等教育研究』の中井（2012）、夏目（2012）、淵上（2013）がある。これらは、学長のリーダーシップが大学運営において重要であるとしたうえで、リーダーシップのあり方

とリーダーシップを発揮する条件を示したしたものである。リーダーシップの
あり方については、トップマネジメントのリーダーシップのみに着目するので
はなく、大学組織の特徴を認識し、それに合うリーダーシップのあり方を示唆
している。リーダーシップを発揮する条件については、学長を補佐する体制や
キーパーソン（副学長など）の重要性が示された。

2.6　学長のリーダーシップで大学改革を進めている事例
　　　（共愛学園前橋国際大学）

　共愛学園前橋国際大学（群馬県前橋市）は、学長のリーダーシップの下、大
学改革を積極的に進めている大学として注目されている。大学の沿革は1998
年に共愛学園女子短期大学として開学し、1999年に短期大学を改組して大学
を設置した。国際社会学部の1学部を設置し、2015年度の入学定員（編入学
除く）は225名の小規模な大学である。学校法人は保育園、幼稚園、中学校、
高等学校、大学を設置している。

　同大学のリーダーシップが注目されている理由は、文部科学省の競争的資金
である以下の事業3つに採択され、大学改革を推進しているためである。

① 【スーパーグローバル大学等事業経済社会の発展を牽引するグローバル
　　人材育成支援（GGJ）：2012年度採択】

　　同事業において「次世代の地域社会を牽引するグローカルリーダー」の
　育成を目指している。グローカルリーダーを「地域に根差しながら、地域と
　世界を繋ぎ、海外の人材、物流、活力を地域に取り込み、地域の振興を先導
　する人材」と定義している。具体的な取り組みとして、語学、理論・スキ
　ル、実践の3要素からなる Global Career Training 副専攻のカリキュラム
　を開設している。

② 【地（知）の拠点整備事業（COC）：2014年度採択】

　　同事業では、「地学一体化加速プロジェクト：持続的「地（知）の拠点」
　創生」をコンセプトに展開しており、大学と自治体が連携から一体へと歩
　みを進め、各々が主体となって人材育成と地域課題解決に取り組んでいる。

同事業は、前橋市と COC 推進本部を合同で設立し、教育活動の Regional Project Work（RPW）では、学生が地域の課題解決や地域企業からのミッション（意義・使命）クリアを目指している。

③　【大学教育再生加速プロジェクト（AP）：2014 年度採択】

　同プロジェクトでは、学修保証システムの構築として、①学修成果の明示、②アクティブ・ラーニング（AL）の質保証、③学修成果の可視化による主体的学修の支援充実、④学修成果達成度による教育改善を掲げている。また推進委員会を設置し、委員長の学長を中心として教育改革を行っており、学生ポートフォリオを活用して学修成果を可視化することで主体的な学修を支援している。

　以上の事業を学長のリーダーシップの下、副学長と共に実施・運営している。こうした学長のリーダーシップを発揮する基盤として、図 2-5 の教職一体のガバナンスシステムが存在する。この図にあるスタッフ会議は、四年制大学に移行する直前から始まったもので、最も重要な会議として位置づけられている。現在は、年 2 回の定例会を基本としており、開学後 3 年間は毎月のように開催され、すべての議題を全構成員の話し合いで決めてきた。また、具体的な

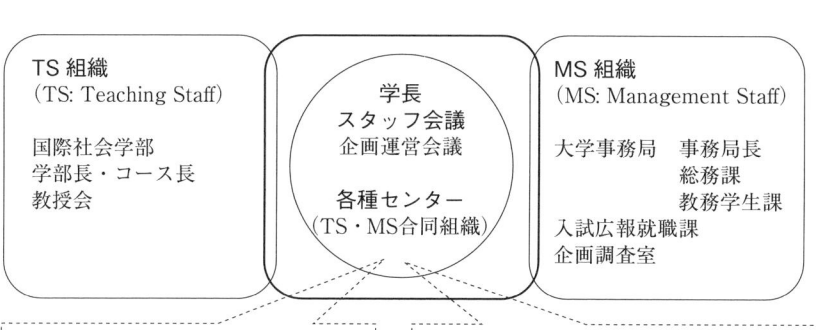

図 2-5　共愛学園前橋国際大学の教職一体のガバナンス ─ 教職員がフラットに参画する大学運営戦略 ─

（丸山、191 号、p.14、2015 年）

大学運営も教員と職員がフラットな関係で参画する各種センターが運営を行っている。センター長も教員、職員の区別なく選任されている[11]。学長とそれを補佐する副学長が、自大学にあった戦略を立てて改革を推進している。それを具現化したひとつのキーワードが地域に根ざしながら地域と世界をつなぎ、地域を引っ張っていく「グローカルリーダーの育成」である。こうした方針やスローガンを明確に打ち出し、教職員全員が大学運営に参画する仕組みを構築して大学改革を実行している。

2.7 戦略的な経営を支えるガバナンスのあり方

戦略的な経営を支えるガバナンスのあり方について議論を行う。まず、国立大学と公立大学、私立大学ではガバナンスの仕組みも違い、その風土も異なる。ここで論点としたいのは、各法人の長（理事長など）と学長が同一人物となる理事長・学長一体型の組織であるか、理事長・学長分離型の組織であるかの違

表 2-2 理事長・学長一体型組織及び分離型組織のメリットとデメリット

理事長・学長一体型組織	
メリット	デメリット
①理事長・学長のリーダーシップが発揮しやすい。 ②法人の経営面と、教育研究面の双方にリーダーシップを発揮した場合には、法人としての意思決定が極めて迅速となる。	①業務負担が過大となる。 ②大学経営がワンマン化する可能性がある。 ③学長と理事長が併せて変更になるため、経営方針の安定性が損なわれる可能性がある。

理事長・学長分離型組織	
メリット	デメリット
①理事長に対する過度な業務負担の集中を回避できる。 ②理事長は大学経営に、学長は教育研究等の運営にそれぞれ専念することができる。	大学の経営管理部門と教育研究部門との調整が必要となり、双方の考えが相反した場合には、大学経営の意思決定が迅速に行われなくなる。

（関口、手島、藤原（2014）を基に筆者作成）

いである。そのメリットとデメリットを表2-2にまとめた。理事長・学長一体型組織のメリットは、①理事長・学長のリーダーシップが発揮しやすい、②法人の経営面と、教育研究面の双方にリーダーシップを発揮した場合には、法人としての意思決定が極めて迅速となる。デメリットは、①業務負担が過大となる、②大学経営がワンマン化する可能性がある、③学長と理事長が併せて変更になるため、経営方針の安定性が損なわれる可能性があることがあげられる。

　一方、理事長・学長分離型組織のメリットは、①理事長に対する過度な業務負担の集中を回避できる、②理事長は大学経営に、学長は教育研究等の運営にそれぞれ専念することができる。デメリットは、大学の経営管理部門と教育研究部門との調整が必要となり、双方の考えが相反した場合には、大学経営の意思決定が迅速に行われなくなることがあげられる。特に、学校法人（私立大学）では分離型が多いため、学校法人と大学とが同じベクトルを合わせるための戦略的な会議や調整機能を果たす部署の設置、組織内のキーマンを配置するなどの工夫を行っている大学が多くみられる。

　また、最近では積極的な経営を行うため、理事長や学長を補佐する人材の確保や経営や教学の政策の意思決定を行う際の情報を収集・分析するIR（Institutional Research）[12]の取組みの重要性が指摘されている。一方、ガバナンスにはもう一つの役割がある。昨今は大学の不正や不祥事も新聞等で取り沙汰されている。放漫な経営や補助金、研究費の不正利用、杜撰な会計処理、ハラスメントの問題など、公共性が高い教育機関である大学としてあるまじき事件が起こっている。こうした事件が起これば、大学は社会的信頼を損ねることとなり、大学経営にも大きな影響を与えることとなる。そのようなことを未然に防ぐリスクマネジメント[13]の観点からも、ガバナンスは重要な役割を果たすこととなる。こうした内部統制の面からも各大学がしっかりとしたガバナンスのシステムを構築していかなければならない。

注

1) ガバナンス（governance）とは、統治（まとめ治めること）すること。また、そのための体制や方法をいう。

2) 中央教育審議会大学分科会「大学のガバナンス改革の推進について（審議のまとめ）」p.10, 2014年.

3) パラダイム・チェンジとは、パラダイム・シフトともいい、ある時代・集団を支配する考え方が劇的に変化すること。社会全体の価値観の移行をいう。

4) 施行期日は2015年4月1日。

5) 山本眞一「大学という組織の特性」『大学のマネジメント』放送大学教育振興会、p.29、2008年。

6) 国立大学法人法研究会『国立大学法人法コンメンタール』ジアース教育新社、p.121、2012年。

7) 文部科学省ウェブサイト：
http://www.mext.go.jp/a_menu/koutou/kouritsu/, 2016年3月5日確認。大学院大学を設置する1法人を含む。なお、非法人の公立大学は、地方公共団体が設置者となる。

8) 関口恭三、手島貴弘、藤原道夫『公立大学法人の制度と会計　制度設計編』朝陽会、p.1、2014年。

9) 関口ほか、同書、p.13, p.15。

10) Hersey, P., Blanchard, K.H and Johnson, D.E（1996）Management of Organizational Behavior: Utilizing Human Resources, 7th ed., Prentice Hall.（山本成二、水野あづさ訳『行動の科学の展開：人的資源の活用 ― 入門から応用へ ―』生産性出版、p.89、2000年）。

11) 丸山和昭「グローバル人材の育成と地方・小規模・新設大学の革新」『カレッジマネジメント』191号、p.14、2015年。

12) IRの詳細な説明は第3章を参照されたい。

13) リスクマネジメント（Risk Management）とは、危機管理と訳され、経営活動に生じる様々な危険を最少の費用で最小限に抑えようとする管理手法をいう。

参考文献

国立大学法人法研究会『国立大学法人法コンメンタール』ジアース教育新社、2012年。

関口恭三、手島貴弘、藤原道夫『公立大学法人の制度と会計　制度設計編』朝陽会、2014年。

中井俊樹「大学教育改革におけるリーダーシップの主体 ― オーストラリアの公募型プログラムの事例 ―」『名古屋高等教育研究』第12号、2012年。

夏目達也「大学教育改革における大学執行部のリーダーシップの形成と発揮 ― 国立大学副学長を中心に ―」『名古屋高等教育研究』第12号、2012年。

淵上克義「大学におけるリーダーシップの形成」『名古屋高等教育研究』第13号、2013年。

丸山和昭「グローカル人材の育成と地方・小規模・新設大学の革新」『カレッジマネジメント』
　191 号、2015 年。

中央教育審議会大学分科会『大学のガバナンス改革の推進について（審議のまとめ）』2014 年。

文部科学省ウェブサイト：
　http://www.mext.go.jp/a_menu/koutou/kouritsu/04093001/015.htm, 2015 年 10 月 18 日
　確認。

山本眞一「大学という組織の特性」『大学のマネジメント』放送大学教育振興会、p.29、2008
　年。

Hersey, P., Blanchard, K.H and Johnson, D.E (1996) Management of Organizational
　Behavior: Utilizing Human Resources, 7th ed., Prentice Hall.（山本成二・水野あづさ訳
　『行動の科学の展開：人的資源の活用 ― 入門から応用へ ―』生産性出版、2000 年）

第 3 章

IR の大学経営への戦略的活用

3.1 IR の大学経営への戦略的活用の必要性

現在、我が国の大学は、これまでに経験したことがない経験と勘による従来の経営手法では対応できない経営環境の変化に直面している。この状況において、データに基づいて大学経営を改善するための「ツール」であるインスティテューショナル・リサーチ（Institutional Research、以下「IR」）の充実が強く求められるようになった。しかし、IR は大学経営に十分に活用されているとは言えない状況にある。このため、本章では、IR の大学経営への戦略的活用のあり方を検討する。以下では、まず、IR の意義・背景・政策動向等の基礎的な知見を解説する。次に、IR の業務プロセスごとに戦略的活用のあり方を検討し、最後に、IR の取組み事例を紹介する。

3.2 IR の意義・背景等の基礎的な知見

3.2.1 IR の定義

IR の定義としては、一般に、Saupe（1990）の「高等教育機関の計画、政策策定、意思決定を支援する情報を提供するために機関内で行われる調査研究」や米国の IR の専門職団体である AIR（Association for Institutional Research）の公式な定義である「高等教育機関の理解（understanding）、計画（planning）、機能（operating）の改善を導く研究」等が示されているが、

必ずしも確立していない。これは、IR が個別大学の経営変化に対応するために個別に発生し、現在もそれぞれの環境に対応して発展過程にあるためである（小林ほか，2014）。このため、本稿では、IR の定義を多様な定義に共通する要素を踏まえて、「データに基づく大学経営の意思決定の支援」とする。

3.2.2　IR の背景

　IR が必要とされている背景には、大学という組織の歴史的な背景、組織的な特性、そして、現在の経営環境の大きな変化が関係している。すなわち、大学という組織は、歴史的に中世の欧州で、学者・学生の同業者組合（ギルド）として発生し、平等な参加者の合意によって運営（同僚制）されてきた。この同僚制という手法は、大学に不可欠な教員個人の学問の自由を確保する上で意義がある一方で、経営に個人の経験や勘といった主観的な要素が影響を及ぼしやすいため、組織の合理的な意思決定に適切とは言えない。

　近代に入って大学は大規模化が進行したが、これにより、機関、部局、個人という異なる組織文化を持つ階層で構成（階層制）されるようになり、一層合理的な意思決定が困難となった。ただし、近代国家は、国家形成の基礎として、「大学の自治」の保障や財政支援等を行い、また、社会も大学を特別の存在とみなしていたこともあり、大学経営に困難は生じなかった。

　しかし、現在では上記の大学経営の環境は一変した。国家の財政危機に伴い、大学に対する財政支援は縮小した。また、社会からも大学は研究や人材育成の成果を十分上げていない、という厳しい見方が広がり、情報公開や説明責任が求められるようになった。さらに、18 歳人口の減少やグローバル化に伴って国内外での大学間の競争も激化し、ユニバーサル化により学生の多様化も進行した。加えて、国際的な質保証の要求も高まった。これらの経験のない多様で急激な経営環境の変化に対応するための機能が IR である。すなわち、IR は大学経営において、客観的なデータに基づいて合理的な意思決定が行われるように支援すること、また、大学内に散在するデータを一括管理し、情報公開や説明責任を果たすことを目的とする「ツール」である。とはいえ、現在でも大学内に同僚制等の組織的な特性は残存しており、IR の業務に支障を及

ぼす可能性もある。IR としては、公平で正確なデータを提供することにより、データに基づく経営という文化の醸成を図ることを通じて対応していくべきであろう。

3.3 IR に関する政策状況

上記の状況を踏まえて、IR の取組みの充実に向けた政策が実施されるようになってきた。例えば、中央教育審議会大学分科会の制度・教育部会「学士課程教育の構築に向けて審議のまとめ」（2008 年 4 月）において、新たな業務として、「インスティテューショナル・リサーチャー（学生を含む大学の諸活動に関する調査データを収集・分析し、経営を支援する職員）」の必要性が言及されていたことを皮切りとして、同大学分科会の「大学のガバナンス改革の推進について（審議まとめ）」（2014 年 2 月 12 日）において、「学長を補佐する教職員が、大学自らの置かれている客観的な状況について調査研究する IR（インスティトゥーショナル・リサーチ）を行い、学内情報の集約と分析結果に基づき、学長の時宜に応じた適切な判断を補佐することが重要である」として、IR 機能の強化を求めている。これらの提言を受けて、IR の整備を各種の競争的資金や私学助成等の補助金の申請の条件とするなど、政策誘導も実施されている。

他方で情報公開の義務化や情報公開を目的とする「大学ポートレート」の運用の開始（2015）、国立大学における法人評価の結果の予算への反映の強化など、大学に対して評価への対応や情報公開を求める動きも強化されている。大学としては、これらの動きを「外圧」として見なして、大学経営の環境変化への対応という観点から、IR を活用して能動的に対応していくべきである。

3.4　IRの戦略的活用

3.4.1　IRの機能のプロセス

　「データに基づく意思決定支援」というIRの機能は、どのようなプロセスを経て実現されるのか。IR先進国である米国の先行研究では、「情報支援サークル」として整理されている（McLaughlin, G.W, & Howard, R.D. 2004）。すなわち、IRは「データに基づく意思決定支援」を通じて質の高い意思決定を最終目的とするが、そのためには、まず、執行部と協働して、IRが取り扱うべき「課題・ニーズの特定」を行い、執行部と共有する。そして、特定された「課題・ニーズ」の解決に必要な「データの収集・蓄積」「データの再構築・分析」を行う。その上で、IRは執行部に対して「データの報告」を行い、執行部がデータを「意思決定」に活用する（図3-1）。

　ここで、留意すべき点は、上記のプロセスは、継続的に循環する「サークル」として示されていることである。実際、一度きりのデータ報告で課題が解決することはほとんどない。IRとしては、「意思決定」の結果として新たに生じた課題について、新たにIRと執行部との協働で「課題・ニーズの特定」を行う必要がある。また、「サークル」を継続的かつ能動的に機能させることは、IR

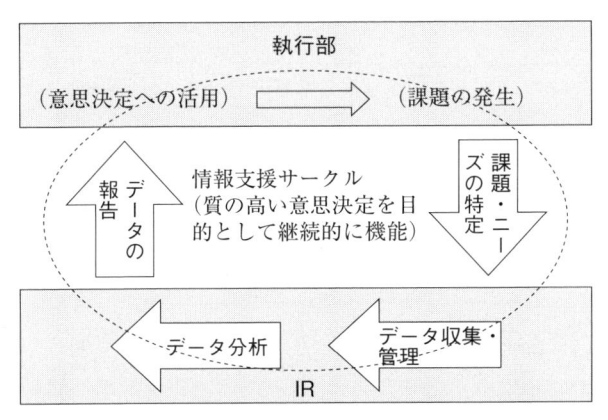

図3-1　IR情報支援サークル
（McLaughlin, G. W, & Howard, R.D.（2004）を基に筆者作成）

として「課題・ニーズ」の把握のみならず、学内での信頼の獲得とプレゼンスの向上にも資するであろう。

3.4.2 IRの構成要素

IRの構成要素は、多くの先行研究の比較検討を踏まえると、人材・組織、データベース、機能（大学経営の意思決定支援）が設定できる（図3-2）。すなわち、執行部は大学の環境の変化に対応するために大学経営の改善を図る。これに対して、IRは人材・組織、データベースという基礎の上で、「データに基づく意思決定の支援」という機能を行う。このIRの組織に関しては、集中型、分散型のどちらが適切か、という議論がある。我が国の大学でも、IRが注目される以前から学内の各部署においてデータの活用は行われてきた。この場合の課題は、データの活用が個別部署ごとの管理業務に留まることであり、データベースの構築もしくはデータ共用のルール策定等の運用によって、この点をクリアできるならば、教学等の専門分野ごと等の分散型もありえよう。

また、IRの人材に関しては、教員、職員のどちらが適切か、という議論もある。大学職員は、大学に最も根付き教育現場や学生にも近いが、これまで管理業務への関与に留まっていた。しかし、現在では大学経営においてより広い活躍が期待されている。この点、IRに関しても、職員の活用は継続性と組織

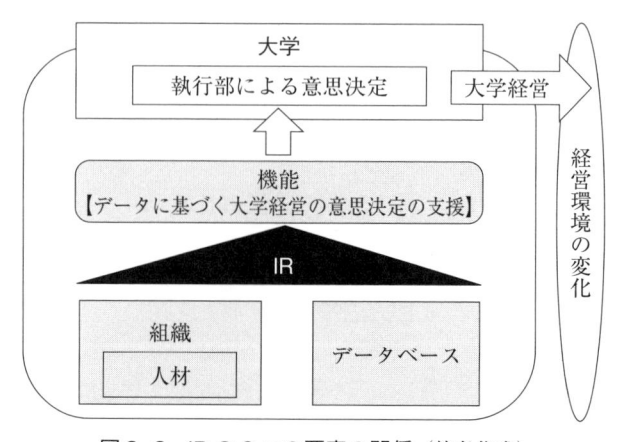

図3-2　IRの3つの要素の関係（筆者作成）

性の確保、学内で IR の知見を有する人材の増加という利点がある。また、IR の「データに基づく大学経営」という考え方は、これまでの教員の「経験と勘による大学経営」から疎外されていた職員にも、大学経営への関与の道を開くものとなろう。ただし、現時点では職員の研究活動、大学経営、IR に関する知見は十分でない。この点、専門職化の方向もあるが、人事制度の根本的な改革の必要性に加えて、データによる管理や縦割りの傾向の強い「専門官僚制」（羽田，2010）の弊害が生じる可能性もある。当面は、教員の専門性、職員の継続性・組織性という双方の長所を生かした形での教職協働が現実的な方策と思われる。さらに、IR の人材に関しては、情報支援サークルの継続的な機能の観点から、継続的な確保が求められる。短期の任期付教員や職員の業務の一部として担当させた場合、異動等によって取組みが途絶え、かえって資源の浪費につながるおそれがあるからである。ただ、現状では、IR を担当できる人材は不足しているため、九州大学等で行われている IR 人材育成の取組みの一層の発展を期待したい。

3.4.3　日米の IR の比較

　IR のあり方の検討の際には米国の事例が参考とされることが多いが、日米間の IR の環境の違いに留意する必要がある。まず、大学に対する政策と経営環境に大きな違いがある。米国では伝統的に税金の使途に厳しく、社会が大学を監視し、データを公開するように圧力をかけてきたため、政府等からのデータ提供要求が強く、大学側では、この要求に対応するための学内データの整理等のために早期から IR が発達せざるをえない状況におかれてきた（柳浦，2013）。また、米国では、我が国に先んじて大きな経営環境の変化に直面したため、早期に IR の取組みが開始され、現在では、ほとんどの大学に IR 担当組織が設置されている。これに対して、我が国の場合、大学に説明責任を求める社会の圧力は低く、政府からの大学に対するデータ提供要求も、これまでほとんどなかった。また、近年、大きな環境変化に直面し、IR の必要性が主張されるようになったが、実際の取組みは端緒についたばかりである。また、以上の状況から、IR の 3 つの構成要素にも、日米間で大きな違いがある（表 3-1）。

表 3-1　IR の構成要素の日米比較

（筆者作成）

	米国	日本
人材・組織	・専門職としての IR が確立、IR 専門人材が存在 ・40 年以上の歴史がある IR の専門職団体（AIR: Association for Institutional Research）が存在、学会の開催や IR 人材の育成を実施	・IR 専門人材は希少 ・専門職団体は存在しない
データベース	・ほとんどの大学に設置	・整備している大学は少数
機能	・各大学の多様なニーズを具体化した業務 ・Thorpe（1999）は、米国の IR の業務の類型化において、計画策定支援、意思決定支援、政策形成支援、評価活動支援、研究活動、データ管理、情報発信活動という幅広い業務を提示 ・大学経営者の専門家が存在するため、IR の役割は、データ処理と提供が中心	・少数の大学で IR の取組が開始されている段階だが、多くが教学分野であり、その他の取組みはあまり見られない ・大学経営の専門家が少ないため、IR の役割として、意思決定の実質面に踏み込むことを期待される傾向あり

3.5　「課題・ニーズの特定」プロセスにおける IR のあり方

3.5.1　特定すべき課題・ニーズ

　「IR 情報支援サークル」（図 3-1）を機能させるためには、まず、IR と執行部で執行部と協働して IR が取り組むべき「課題・ニーズ」を特定し、共有する必要がある。この「課題・ニーズ」には 2 つのレベルがある。まず、IR 自体の課題・ニーズである。この点が特定されていないと、IR として何をしたらいいか分からない、もしくは、学内で IR は何でもやるところと思われて、大量のデータ要求で業務が回らない事態になるおそれがある。そのため、大学の建学の精神、教育目的、研究目的等を踏まえて、IR が取り組むべき重要な課題・ニーズを特定するべきである。次に、IR が具体的に取り組むべき課題・ニーズである。どんなに大量のデータを収集し、高度な分析を行っても、執行部の抱いている課題・ニーズに合致していないと、意思決定に活用されない。

この点に関して、特に、教員がIRを担当する場合には、IRと研究を区別するべきである。IRは大学経営の「ツール」であるため、研究のように普遍的知見の追求ではなく、大学の個別的・具体的な課題を取り扱うからである。また、IRは大学の組織的な取組みであるため、研究のように個人的なリサーチ・クエスチョンではなく、執行部・IR間で共有された組織的な課題を対象とする。

3.5.2 「課題・ニーズの特定」プロセスにおけるIRの構成要素のあり方

　組織については、執行部で執行部と協働して「課題・ニーズ」（図3-1）を特定できるように、執行部との意見交換ができる組織上の位置づけと権限が必要である。人材については、執行部と協働して「課題・ニーズ」を特定し共有するために、コミュニケーション能力が重要となる。ただし、執行部に大学経営の専門家がほとんどいない状況では、執行部が明確に課題を認識していない場合も想定される。この場合、IRは、より能動的に大学経営の課題を掘り起こす必要があり、高等教育や個別大学の大学経営の文脈への精通も求められよう。

3.6 「データの収集・蓄積」プロセスにおけるIRのあり方

3.6.1 組織のあり方

　組織については、学内に分散しているデータに関して、関係部署に収集の協力を依頼できるよう、組織的な位置づけと権限が付与されている必要がある。

3.6.2 人材のあり方

　人材については、データの収集に関しては、大学内に散在しているデータの管理状況や特定された「課題・ニーズ」の解決に必要なデータの所在を把握する知見や、部局等の協力を得るためのコミュニケーション能力が求められる。また、分析には他大学とのベンチマークが有効であるが、必要な他大学の情報の収集のためには、「大学ポートレート」や大学のホームページ等の公開情報の活用、IRに関する大学間連携を通じた相互のデータ提供等の手法に関する知見が求められる。

　なお、データ収集に関しては、IR の取組み当初から、全データを新規に収集することは非効率であることに加え、学内に反発を招くおそれもある。特定された「課題・ニーズ」を踏まえつつ、まずは既存データの収集からスタートして、分析・提供を通じて、「課題・ニーズ」を深めた上で、必要だが欠けている新規データを収集する手法が適切であろう。

　データの蓄積に関しては、データベースに関する知見が重要である。データベースの構築自体は、外部業者に委託する場合が多いと思われるが、「課題・ニーズ」を踏まえたデータベースの使用をきちんと業者に伝えて、データベースの構築に反映させる必要があるからである。また、データの定義やフォーマットの統合等のデータマネジメントを進める能力も重要である。

3.6.3　データベースのあり方

　データベースについては、IR の機能に対応した一元的なデータベースの構築が、データの収集・蓄積の観点から望ましい。我が国の場合、学務、財務等の管理業務に関する個別のデータベースは存在するものの、一元的なデータベースはほとんど構築されておらず、必要となる都度、個別の担当者にデータの提供を依頼するという効率性の低い手法を取らざるを得ない状況にあり、また、データが相互に関連付けて蓄積されていないため、広範囲の活用が困難な状況にあるからである。ただし、実際に一元的なデータベースを新しく構築するか否かの判断は、大学の規模・データの取扱いに関する文化・データ要求の頻度等によって異なる。例えば、小規模で学内でのデータ共有が実現している大学の場合は、必要な都度、人手によって複数のデータベースのデータの関連付けを行う手法も考えられる。

3.7　「データの分析」プロセスにおける IR のあり方

3.7.1　人材のあり方

　人材については、統計分析の技能や分析結果を文脈から解釈する能力が求められる。ここで留意すべき点は、高度な統計分析の技能は重要であるが、必須

ではないことである。統計分析の技能は、学内の専門家に委ねることも可能であり、また、特定された「課題・ニーズ」に対応しなければ、高度な統計手法を駆使した分析でも、意思決定に活用されないからである。IR としては、執行部の「課題・ニーズ」を踏まえて、執行部に伝わり易い手法を採用する誠実な姿勢が求められる。なお、データの分析プロセスは、データの信頼性を確保する観点から、3.9.2.2 の事例等を参考としてオープン化することが望ましい。

3.7.2　データベースのあり方

　データベースについては、多面的なデータ分析を行う上では、学内のデータを関連付けて、統合するとともに、広くデータの共用を認める方針や体制の整備が重要である。また、課題発見のためには、経年変化や学内比較、認証評価基準との比較等に加えて、他大学とのベンチマークが有効である。

3.8　「データの提供」プロセスにおける IR のあり方

3.8.1　組織のあり方

　組織については、執行部への報告のルートが確立している必要がある。ただし、最終的に IR の提供したデータを大学経営へ活用するのは執行部である。データに基づく経営の文化が十分に根付いていない現状を踏まえると、IR の戦略的活用を実現するためには、IR のデータを予算・計画等と連動させる等の組織的なデータ活用のルール策定が必要と思われる。

3.8.2　人材のあり方

　人材については、大学経営の専門家が乏しい状況を踏まえると、データの分析結果を十分に理解する能力とともに、専門家以外にも分かりやすく伝えるプレゼンテーション能力及び執行部とのコミュニケーション能力が重要である。特に、サークルを継続的に機能させるためには、一方的な報告に留まらず、執行部の「課題・ニーズ」の把握のために、双方向のコミュニケーションを図る必要がある。もちろん、データに基づく経営の文化が根付いていない現状で

は、「経験や勘」による否定的な反応もありうるが、そのような場合こそ、次のサークルにつなげる課題をくみ上げるチャンスとみなして、前向きに、「課題・ニーズ」を聴取する姿勢が求められる。

　なお、IR は、単なるデータの提供か、データの解釈まで提供するか、という議論もある。我が国の大学の執行部には経営の専門家はほとんどいないため、IR に対して、単なる数値データだけでなく、一定の解釈や選択肢の提示が要請される場合も想定される。この点、大学の状況にもよるが、IR としては、データの公平性、正確性を確保する必要があるため、データの解釈を提示する場合には、事前に関係部署等とデータに関する協議を行うなど、解釈の過程を学内関係者にオープンにすることが望ましい。また、「大学のガバナンス改革の推進について（審議まとめ）」（2014）に示されたように、現在、IR は、学長のリーダーシップの強化のツールとしても期待されている。ただし、IR が一律の価値観に基づくデータ（例えば、研究業績の指標として論文数、論文被引用数等）を全部局に提示した場合、学内の反発を招くおそれもある。IR は、データによって部局を管理するのではなく、多様な部局等の大学経営への参加とコミュニケーション、合意形成を可能とする「共通言語」としてのデータを提供し、データに基づく大学経営という文化を醸成していく姿勢が必要と思われる。この姿勢は、学内関係者の参加が大学の経営計画の実効性を確保するとする両角（2012）の指摘を踏まえると、意思決定の実効性を確保するためにも重要と言えよう。

3.9　IR の取組みの現状

3.9.1　IR の取組みの全体的な状況

　我が国において、IR に取り組む主な大学を表 3-2 に示す。教学分野の IR が多いが、この背景には、教学改善が大学経営の大きな課題であることとともに、これまで主に IR が高等教育分野において研究されてきた事情がある。ただし、大学経営の課題は教学改善に留まらない。例えば、世界水準を目指す研究大学では、論文被引用数等の研究指標の分析を通じた研究戦略の策定も重要

表 3-2　IR に取り組む主な大学

(筆者作成)

分野	大学名
教育	私立：金沢工業大学、関東学院大学、國學院大学、同志社大学、日本福祉大学、明治大学、立命館大学　等 公立：大阪府立大学　等 国立：愛媛大学、島根大学、一橋大学、山形大学　等
研究	国立：岡山大学、北海道大学
大学経営	私立：関西学院大学　等 国立：佐賀大学、神戸大学、名古屋大学　等
大学評価	国立：九州大学　等

である。IR としては、教学改善のみならず、各大学の「課題・ニーズ」を踏まえた役割を果たすよう努める必要がある。

3.9.2　IR を戦略的に活用している取組事例

　IR を戦略的に活用している大学の事例として、佐賀大学、立命館大学を取り上げる。現在、多くの大学で多様な IR の取組みが進展しつつあり、この事例以外にも、IR を戦略的に活用している大学がある。

3.9.2.1　佐賀大学

　国立大学法人 佐賀大学（佐賀県佐賀市）は、学生総数約 7,000 人の中規模大学である。同大学の IR は、「IR 室」が担当している（図 3-3）。同室の特徴は 2 点ある。

　1 点目は、学長直下の組織であり、学長の強いリーダーシップの下で機能している。学長は、病院経営に高い手腕を発揮した経験を有しており、この点は、高度な病院経営の手法の IR への活用を可能とするとともに、IR の戦略的活用に不可欠な大学経営に関する組織文化の改善を促進するための権威としても作用していると思われる。

　2 点目は、職員を積極的に活用して、全学的な教職共同体制を形成している。IR 室は、室長以下教員、事務職員の計 18 名で構成されている。教員は、分析手法、システム構築等の専門的知見が必要な業務を担当している。職員は、

財務、教務等の担当係長で構成されており、現場の業務に精通している。上記のように、従来の大学職員は大学経営の管理運営の担当に留まっていたが、佐賀大学の場合、学長の権限の下に、職員をデータ収集、分析や部局へのデータ提示等の実質的な業務も担当させることで、職員の士気の向上やOJTを通じた技能の向上を促進している。

　以下、「情報支援サークル」のプロセスごとに検討する。まず、課題・データの特定のプロセスでは、IR室の目的として、教学・学術・社会貢献・経営基盤の4つの視点を設定して、経営分野への対応を目的としている。重要な点は、IRの設置の検討の際、システム導入や組織設置からではなく、IRをどう機能させるかを意識して検討した点である。この点、目的が明確でないまま「アリバイ作り」のためにIRを設置する大学とは対照的であって、この真摯な姿勢を見習うべきである。データの収集・蓄積のプロセスでは、IR室に加えて、事務職員の拡充メンバーを事務組織内に広く整えており、学内事情に

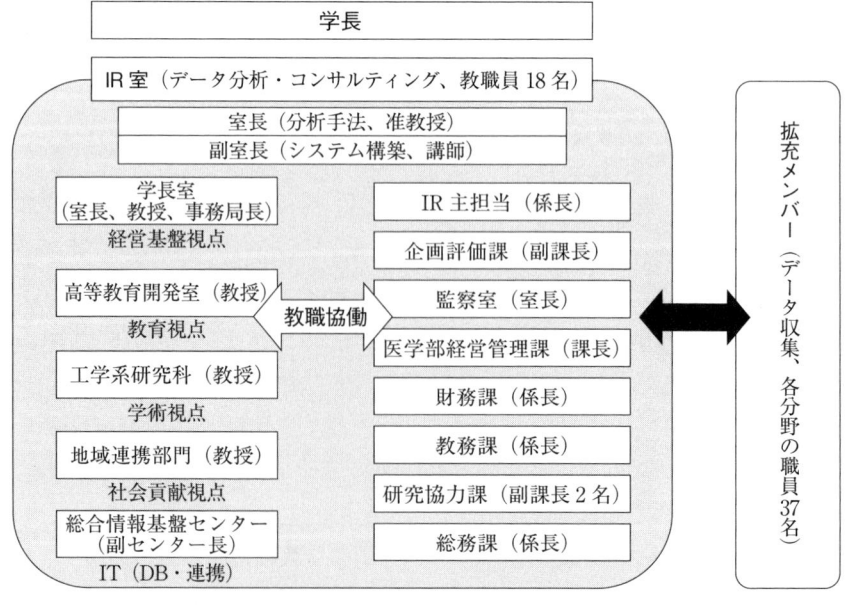

図3-3　佐賀大学における IR の体制
（『Between』（2014　6-7月号）を基に筆者作成）

通じた事務組織を活用して広くデータを収集している。データの分析のプロセスでは、医学部附属病院における管理会計的手法による経営改善の取組みを応用しており、既存データを基にしつつ、病院経営の指標群である QI（Quality Indicator）の考え方も応用している。データの報告のプロセスでは、学内会議の合意形成の促進を図るために、提案・意見を述べる場合には根拠となるデータの提示が必要というルールを設けている。この点は、学内にデータに基づく経営の文化を定着させる取組みとして重要である。意思決定への活用のプロセスでは、学内の取組み状況を数値で比較可能な形で可視化して、繰り返しフィードバックして改革の動機付けを図る工夫を取り入れている。さらに、改革の成果を上げた場合、「評価反映特別経費」として学長裁量経費を配分している。以上の取組みの成果として、志願倍率と学力の関係の分析に基づく入学定員の削減や入試方法別の学生のモチベーション分析に基づく後期日程の定員の拡充等の改善が実施されている。

3.9.2.2　立命館大学

　立命館大学（本部 京都府京都市）は 13 学部、約 33,000 人の学士課程学生が所属する大規模大学である。同大学の IR は、教育開発推進機構の特定プロジェクトである「IR プロジェクト」が主に担当している。課題・データの特定のプロセスでは、「IR プロジェクト」の目的として、「全学の学部・研究科・教学機関等と協働し、教学改善の意志決定に資するデータの収集、分析、報告を通じて立命館大学の『学びのコミュニティ』の成長を支援する」と明確に設定されている。また、データの収集・蓄積のプロセスを開始する際には、学部の要請を踏まえつつ、学士課程学生の正課における学びに焦点を当てた「学びの実態調査」を開発・実施している。また、蓄積に関しては、情報システム課と協働し、データの所在、データのニーズに関する情報を相互提供している。データの分析やデータの報告のプロセスでは、学部執行部等との継続的な「対話」を重視している点に特徴がある。すなわち、対話を通じて学部執行部等が有している課題意識を明確化し、必要なデータや分析の観点を共有している。この結果、学部から提案されたディプロマ・ポリシーに関わる課題を対象とする新しい情報支援サークルのプロセスが開始されたり、IR のコンセプ

トの学内共有が進んでいる。また、データの報告のプロセスも、一度限りでなく、基礎集計結果を提供する第1次フィードバック、IR プロジェクトが設定した標準分析方針による結果の第2次フィードバック、学部のニーズに応じた分析結果の第3次フィードバックと、複数回にわたって実施されている。その過程においては、データの内容、資料のグラフや表のレイアウト等について、学部執行部等の意見を反映させて段階的に改善している。この点は、データの分析プロセスのオープン化と評価でき、学内における IR のデータに対する信頼の確保にも資すると思われる。以上の取組みの成果として、学生の成長感に関する調査結果を活用した学部カリキュラムの有効性の検証や初年次教育の共同開発等のデータに基づいた教育改善が段階的に進められている。

3.10 今後の IR の展開に向けて

我が国において IR が注目を集めてから十数年が経過したが、依然、大学経営への戦略的活用は十分ではない。この状況が続くならば、遠からぬ将来、IR は大学経営に役に立たないとみなされ、取組み自体が縮小、削減される事態に陥りかねない。これは大学経営の改善を進める上で大きな損失である。大学としては、自らの手で自律的な経営を確保すべく、大学経営に関する組織文化を根本的に改革し、IR を戦略的に活用する姿勢が求められる。IR としても、大学経営の改善を自らの責務として、求められるデータの提供だけでなく、データに基づく経営の文化を醸成するよう、学内に積極的かつ継続的に働き掛ける姿勢が求められる。

参考文献

小林雅之、浅野茂「調査の目的と概要」『平成 24-25 年度文部科学省大学改革推進委託事業　大学における IR（インスティテューショナル・リサーチ）の現状と在り方に関する調査研究報告書』東京大学、pp.1-15、2014 年。

鳥居朋子、八重樫文、川那部隆司「立命館大学の教学マネジメントにおける IR の開発と可視化のプロセスに関する考察：デザイン研究の知見を分析視角として」『立命館高等教育研究』13、立命館大学教育開発推進機構、pp.75-89、2013 年。

中井俊樹、鳥居朋子、藤井都百 編『大学の IR Q & A』玉川大学出版会、2014 年。

羽田貴史「高等教育研究と大学職員論の課題」『高等教育研究』第 13 集、日本高等教育学会、pp.23-42、2010 年。

『Between』2014　6-7 月号「佐賀大学 データに基づくマネジメントが組織に迅速性と実行力をもたらす」株式会社進研アド、pp.15-17、2014 年。

鳥居朋子「立命館大学における教学 IR の開発の現状と展望」『立命館高等教育研究』15 号、pp.37-53、立命館大学大学教育開発・支援センター、2015 年。

両角亜希子「単年度計画への反映と学内共有が将来計画の実質化のカギ」『Between』2012 年 10-11 月号、ベネッセ教育総合研究所、pp.3-5、2012 年。

柳浦猛「米国の IR の現在地から我が国における実践上の課題を考える」『Between』2013 10-11 月号、ベネッセ教育総合研究所、pp.20-21、2013 年。

McLaughlin, G.W., & Howard, R.D., People, Processes, and Managing Data (second edition), Association for Institutional Research, 2004.

Saupe, J.L. The Function of Institutional Research 2nd Edition. Association for Institutional Research, 1990.

Thorpe, S.W. (1999), "The Mission of Institutional Research". The 26th Conference of the North EastAssociation for Institutional Research

第 4 章

学生募集戦略

4.1 学生募集戦略の策定拠点としてのアドミッションセンター

　そもそも、大学は学生に入学してもらわない限り、収入の柱である「授業料収入」が得られない。そのため、各大学とも学生募集戦略には、相応の資金と学内の精鋭人材を投入する。それだけ大学経営において学生募集戦略の占める位置は大きいと言えるだろう。学生募集戦略とはいうものの、通常の入試関連業務は、入試実施に関する業務から合否に関するデータ処理、広報・リクルート活動に至るまで多岐にわたる。表 4-1 は、1988 年に刊行された文部省委託研究で示された入試関連業務のリストであるが、このリストは現在でも大筋で

表 4-1　入試関連業務の一覧

(1) 入学選抜に関する事務：入試委員会の事務、募集要項の作成、試験場設営や監督者の割り当てなど入学試験実施上の事務、出題・採点に関する事務、推薦入学、帰国子女や外国人留学生等特別選抜のための事務等。
(2) 各種調査：入学試験に関する各種統計資料の作成、入学者選抜に関する各種調査や資料の収集、高等学校調査書に関する調査や入学後の成績等の追跡調査、入学者選抜方法研究委員会等調査研究委員会の事務等。
(3) 情報処理：電算機による（1）や（2）の業務の支援、入試成績等のデータベース作成・維持・管理等。
(4) 広報・リクルート：大学案内、PR 誌、ビデオ等の作成、高等学校との懇談会や説明会の開催、大学公開や後援会の開催、高等学校訪問等。

（東京工業大学、p.10、1988 の表Ⅲより作成）

通用する。強いて変化を上げれば、近年の大学のグローバル化に関連して、ここに「留学生募集業務」が加わっていることであろう。通常、ここであげた入試関連業務だけでも相応の事務が発生し、その対応で手一杯の状況に陥るのが関の山であり、各大学とも学生募集戦略の重要性を認識しながらも、なかなかその策定まではたどり着きにくいのが大方の現状ではなかろうか。入試広報に関するアンケートなどをしてデータは得たものの、それをどう「学生募集戦略」にまで昇華させていけばよいのか、その方法論が分からない。多くの大学で直面しているのはそんな課題状況であるようにも思われる。

　一方、今後の 18 歳人口の減少や「学力の 3 要素」[1] を選抜の柱とする高大接続改革に代表されるように、近年、学生募集の状況が目まぐるしく変化している状況の中で、自大学に入学しない学生に対しても自大学が魅力的に映り、自大学に入学する学生に対してはより自大学への適応力が高まり、卒業後の成果があがり、結果、自大学の社会的プレゼンスが高まるような、学生募集戦略が打てなければ、ただオープンキャンパスを行い、業者主催の大学説明会に参加し、大学パンフレットを作成して、入学試験を行っただけになってしまう。目指すべきは、図 4-1 に示したように、入学試験の実施後に、各種調査から学生募集戦略を策定し、それに応じた学生募集計画を実施して、次年度の入学試

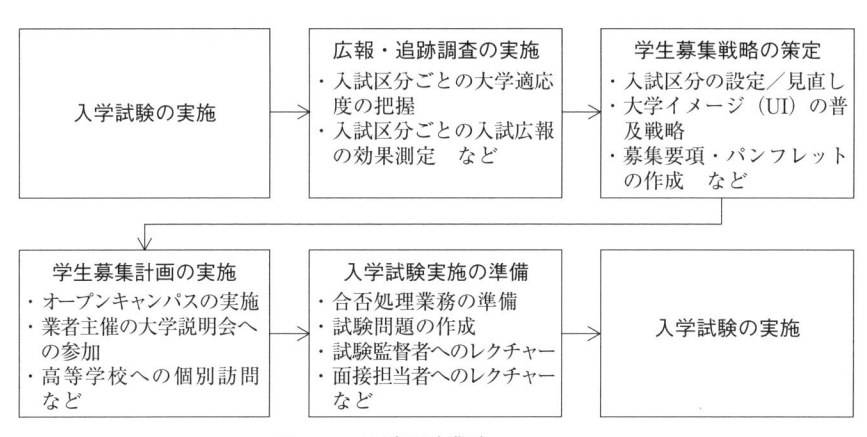

図 4-1　入試関連業務のサイクル
（筆者作成）

験の実施に備えるというサイクルである。そこで本章では、学生募集戦略の策定拠点としてのアドミッションセンターの役割・機能に着目し、国立大学を中心にその先駆的な事例に学びながら学生募集戦略のあり方について議論する。

4.2　入試業務関連部署が整備された歴史的経緯
― 国立大学の状況を中心として ―

　入試業務関連部署の整備が文部（科学）省にとって、1954（昭和29）年に進学適性検査が終了して以降、約60年にわたる永年の「悲願」であったことは、入試関係者でもあまり遍く知られた事実ではない[2]。

　まず、文部省（当時）が取り掛かったのが、追跡調査などの入試研究を可能にする組織や委員会を国立大学内に整備することであった。このことは、我が国における大学入学者選抜のための共通テストの2つの失敗（進学適性検査［1947（昭和22）年～1954（昭和29）年］と能研テスト［1963（昭和38）年～1968（昭和43）年]）が大きく関係している。文部省は、これら2つのテストの失敗をその有用性を立証する科学的検証研究の不在に求めていた。そのため、各大学の総長・学長直下に入学試験委員会を置き、その下部組織として毎年度の入学者選抜の実施業務を担う入学試験実施委員会と、追跡調査や選抜方法研究業務を担う入学者選抜方法研究委員会を設置することを試みたのである。この整備は、文部省の予算措置をもって行われたものであり、表4-2にあるように共通第1次試験が始まる1979（昭和54）年頃までには、ほとんどの国立大学内に入学者選抜方法研究委員会が設置された。また、その全国組織として、1980（昭和55）年6月に国立大学入学者選抜研究連絡協議会（入研協）が設置され、その後、公立・私大にも参加を募る形で現在に至っている。

　次に、文部省が整備を行ったのが事務体制であり、1970（昭和45）年12月に上梓された『大学入学者選抜方法の改善について』において、「入学者選抜に関する専門的な知識を有する職員を責任者」とし、「『入学事務部（仮称)』のような組織を大学に設けることが望ましい」（文部省, p.21, 1971）と述べられた[3]のち、1972（昭和47）年度から着手している。まず、文部省が試みた

表 4-2 入学者選抜方法研究委員会の設置状況

区　分	設置数	新規数	設置大学
1966（昭和41）年度	1	1	弘前大
1967（昭和42）年度	8	7	室工大、東北大、東工大、名大、鳥取大、広大、長崎大
1968（昭和43）年度	11	3	帯畜大、神戸大、九大
1970（昭和45）年度	17	6	北大、小樽商大、北見工大、秋田大、千葉大、岐阜大
1971（昭和46）年度	26	9	岩手大、山形大、東京水産大、三重大、京大、京都教大、阪大、岡山大、九州芸工大
1972（昭和47）年度	36	10	茨城大、群馬大、東京外大、電通大、新潟大、奈良教大、奈良女大、島根大、香川大、高知大
1973（昭和48）年度	48	12	宇都宮大、東大、東京医歯大、東京商船大、お茶大、一橋大、山梨大、滋賀大、大教大、福教大、熊大、琉球大
1974（昭和49）年度	58	10	旭川医大、宮教大、横国大、金沢大、滋賀医大、京都工繊大、大阪外大、神戸商船大、徳島大、鹿児島大
1975（昭和50）年度	64	6	北教大、静岡大、浜松医大、和歌山大、愛媛大、大分大
1976（昭和51）年度	76	12	福島大、埼玉大、東京農工大、福井大、愛教大、名工大、島根医大、山口大、九工大、佐賀大、宮崎大、宮崎医大
1977（昭和52）年度	80	4	東京芸大、信州大、富山大、富山医薬大
1979（昭和54）年度	87	7	筑波大、東京学芸大、長岡科技大、豊橋技科大、高知医大、佐賀医大、大分医大
1980（昭和55）年度	93	6	図書館情報大、上越教大、山梨医大、福井医大、兵庫教大、香川医大
1987（昭和62）年度	94	1	鹿屋体育大
1989（平成元）年度	95	1	鳴門教大

（鴫野、p.304、2003 の表 4-1 から作成）

のが、それまで学生課の教務担当係等の所掌であり、「季節的業務」とみなされていた「入試事務」を専門に担当する「課長級の入学主幹や入学試験係長を設置」（鴫野, p.307, 2003）することであった（表4-3）。その後、1986（昭和61）年度からは、「入学者選抜について専門に担当する組織である入試課」を整備していくことになる（表4-4）。後者の事務組織の整備について、鴫野（2003）は、臨時教育審議会答申との関連を指摘している（鴫野, pp.307-308, 2003）。つまり、1985（昭和60）年6月に上梓された臨時教育審議会第1次答申で、共通第1次試験の廃止と現行の大学入試センター試験の開始（1990［平

表 4-3　入学者選抜事務組織の整備状況（入試主幹等）

区　分	大学主幹（および大学試験係長）	入学試験係長
1972（昭和47）年度	東北大、一橋大、大阪大、長崎大	奈良女大
1973（昭和48）年度	北大、東大、京大、広島大、九大	お茶大
1974（昭和49）年度	名大、岡山大、熊本大	小樽商大、室蘭工大、奈良教大
1975（昭和50）年度	千葉大、お茶大（入学主幹のみ）	東京商船大、電通大
1976（昭和51）年度	弘前大、神戸大、香川大	帯広大、東京医歯大、神戸商船大
1977（昭和52）年度	（以下、入学主幹のみ）横国大、新潟大、金沢大、静岡大、鳥取大、琉球大	北見工大、岩手大、秋田大、東京学芸大、山梨大、京外大、名工大、京都工繊大、岐阜大、大阪外大、大教大、高知大
1978（昭和53）年度	山形大、埼玉大、信州大、三重大、鹿児島大	旭川医大、福島大、和歌山大、山口大、宮崎医大
1979（昭和54）年度	北教大、茨城大、群馬大、愛媛大	宇都宮大、東京農工大、東京芸工大、東工大、富山大、佐賀大
1980（昭和55）年度	福井大、滋賀大、徳島大	宮城教大、東京水産大
1981（昭和56）年度		愛知教大、京都教大、大分大
1982（昭和57）年度		鳥取大、福岡教大、宮崎大
1983（昭和58）年度		浜松医大、九州芸工大、九工大
1984（昭和59）年度		滋賀医大
1985（昭和60）年度		横浜国大

（鴫野, p.307, 2003の表4-2から作成）

表 4-4 入学者選抜事務組織の整備状況（入試課）

区　分	入試課長	入学主幹	入学試験係長
1986（昭和61）年度	北大、東北大、東大、名大、京大、阪大、九大		富山医薬大、福井医大、山梨医大、島根医大、香川医大、高知医大、佐賀医大、大分医大
1987（昭和62）年度	千葉大、神戸大、広島大	岩手大、東京学芸大、富山大、岐阜大、愛知教大、山口大	
1988（昭和63）年度	長崎大、熊本大	宇都宮大、東工大、名工大、大阪教大、島根大、佐賀大	
1989（平成元）年度	岡山大	秋田大、福島大、東京農工大、電通大、高知大、大分大	
1990（平成2）年度	名工大	大阪外大、奈良女大、九工大、宮崎医大	新潟大、金沢大
1991（平成3）年度	富山大、山口大	室蘭工大、東京医歯大、宮崎大	埼玉大、信州大
1992（平成4）年度	新潟大、金沢大	北見工大、水産大、京都工繊大	群馬大、徳島大
1993（平成5）年度	東工大、一橋大	帯畜大、東京外大、福教大	山形大、愛媛大
1994（平成6）年度	埼玉大、信州大、愛媛大	小樽商大、和歌山大、高知医大	北教大、鳥取大
1995（平成7）年度	弘前大、群馬大、横国大、九工大	富山医薬大、山梨大	静岡大、鹿児島大
1996（平成8）年度	宇都宮大、電通大、愛知教大、香川大、佐賀大、鹿児島大	奈良教大、九州芸工大	三重大、滋賀大
1997（平成9）年度	岩手大、山形大、福島大、茨城大、東京学芸大、静岡大、三重大、鳥取大、徳島大、大分大、琉球大		茨城大、琉球大
1998（平成10）年度	北教大、秋田大、東京農工大、福井大、岐阜大、大教大、島根大		福井大
1999（平成11）年度	山梨大、滋賀大、宮崎大	滋賀医大、島根医大、佐賀医大	
2000（平成12）年度	東京外大、お茶女大、京都工繊大、大阪外大、奈良女大、和歌山大、高知大	福井医大、山梨医大、浜松医大、神戸商船大、香川医大、大分医大	

（鴨野、p.308、2003 の表 4-3 から作成）

成2]年）が謳われるのであるが、「偏差値偏重の受験競争の弊害を是正する
ために、各大学がそれぞれ自由にして個性的な入学者選抜を行うよう入試改革
に取り組むことを要請」し、「アドミッション・オフィス（入試担当部門）の
設置または強化」（臨時教育審議会，pp.28-29, 1985）を試みたことが背景に
ある。そして、結局は、「アドミッション・オフィス」の整備が叶わなかった
ために、まず「1986（昭和61）年度から各国立大学に入学者選抜を担当する
組織である入試課を整備することにより、事務処理面から国立大学の入試担当
の機能強化を図ろうとした」（鴫野，p.308, 2003）との見解を示している。

　臨教審以後、大学情報提供とそれを活用した偏差値によらない進路選択が
目指されたのであるが、当時の入試担当部局と入試広報の関係を調査した結果
（表4-5）によれば、国立大学に比べ私立大学の方が、入試広報と入学者選抜
試験担当部課が完全に一致（232/232＝100.0%）し、大学広報とも一致する場
合（183/232＝78.9%）が多いことが分かる。

表4-5　入試広報に関する委員会の設置有無、および、入試広報担当部課や大学広報
　　　　担当部課と入学者選抜担当部課との異同 [4]

全学レベルでの状況		国立		公立		私立		計	
入学広報に関する委員会の設置状況	設置している	61	(64.2%)	16	(44.4%)	232	(65.2%)	309	(63.4%)
	設置していない	34	(35.8%)	20	(55.6%)	124	(34.8%)	178	(36.6%)
入学者選抜の担当部課との異同	同じ	92	(96.8%)	36	(100.0%)	232	(65.2%)	360	(73.9%)
	異なる	3	(3.2%)	0	(0.0%)	120	(33.7%)	123	(25.3%)
大学広報の担当部課との異同	同じ	17	(17.9%)	15	(41.7%)	183	(51.4%)	215	(44.1%)
	異なる	78	(82.1%)	21	(58.3%)	169	(47.5%)	268	(55.0%)
計		95	(100.0%)	36	(100.0%)	356	(100.0%)	487	(100.0%)

（大学入試センター、p.8、1989の表Ⅱ-1、および、p.10の表Ⅲ-1より作成）

4.3　アドミッションセンター設置を巡る政策展開

　前節までで見てきたように、学生募集戦略の策定拠点となるべき入試関連業務部署は、文部省が我が国の大学入試制度の多様化、評価尺度の多元化を図る政策展開の中で、1966（昭和 41）年から研究組織と事務組織の両面にわたって一歩ずつ着実に組織強化してきた。しばしば、1997（平成 9）年 6 月に上梓された中央教育審議会答申（以下、「中教審」と略記）『21 世紀を展望した我が国における教育のあり方について（第二次答申）』での「アドミッション・オフィスの整備」がアドミッションセンターの淵源として理解されがちであるが、表 4-2、表 4-3、表 4-4、表 4-6 をみれば、その施策の連続性を理解できるだろう [5]。国立大学においては、上記の中教審答申を受けて、1999（平成 11）年に東北大、筑波大、九州大の 3 大学にアドミッションセンターが設置されて初めて専任教員が配置されることとなるが、このことは、入学者選抜研究委員会が学内の兼任教員で組織され、しかも任期が 2 〜 3 年であったという組織の非継続性・脆弱性を初めて解決する目処がたったことを意味した。そして

表 4-6　国立大学におけるアドミッションセンター等の設置状況

1999（平成 11）年度：東北大、筑波大、九州大
2001（平成 13）年度：京都工芸繊維大、広島大、山口大
2002（平成 14）年度：旭川医科大、福井大、鳥取大、高知医科大、長崎大
2003（平成 15）年度：横浜国立大、新潟大、静岡大、鹿屋体育大
2004（平成 16）年度：山形大、東京農工大、信州大、岡山大、島根大
2005（平成 17）年度：北海道大、富山大、電気通信大、香川大、愛媛大
2006（平成 18）年度：岩手大、茨城大、高知大、琉球大
2007（平成 19）年度：佐賀大
2011（平成 23）年度：東京工業大
2013（平成 25）年度：鹿児島大、（四国地区国立大学連合アドミッションセンター）
2014（平成 26）年度：大阪大、徳島大
2015（平成 27）年度：弘前大

（国立大学アドミッションセンター連絡会議、2013、および、各国立大学の HP［沿革など］より作成）

各大学のアドミッションセンター規程の中の多くで入試広報が位置付けられる
など、アドミッションに求められる役割も、初発の追跡調査に留まらず多様化
していく。特に、2014（平成26）年12月22日に上梓された中央教育審議会
答申『新しい時代にふさわしい高等学校教育、大学教育、大学入学者選抜の一
体的改革について』において、多元的な評価に基づく大学入試制度の実施に関
連し、「アドミッション・オフィスの強化や、評価の専門的人材の育成、教職
員の評価力向上に対する支援を行うことが急務」（中教審, p.14, 2014）と謳わ
れるなど、追跡調査や入試広報だけでなく、実際の評価基準作成等の入試開発
にまでその役割が及んでいるのが現状であろう。

4.4　学生募集戦略の策定に資する調査研究事例の紹介

4.4.1　事例1）テキストマイニングを用いた入試広報の効果測定

　学生募集戦略の策定において重要なのは、ライバル校の入試動向[6]はもち
ろんのこと、入試広報の効果測定であることは議論を待たないであろう。だ
が、往々にしてその方法論になると頓挫することが多いのも、入試広報の効果
測定ではないだろうか。よくある方法が、入学者アンケート等で、オープン
キャンパスの参加の有無や大学説明会の自大学ブースで説明を受けた経験の有
無を聞くことである。ただ問題なのは、それらの回答の多寡に課する情報が、
せいぜいオープンキャンパスの実施回数や業者主催の大学説明会の出展回数の
調整くらいにしか、データとしての使い道がないことである。それでは、学生
募集戦略の「策定」に至るまであまりにも程遠い。

　学生募集戦略において、自大学がどう見られているのかという現状把握と、
どういう印象を初期にもっていた学生が自大学の印象をどう変化させるのか、
という印象変化のメカニズムを知ることが最も肝心である。前者については、
例えば、岡本（2005）、佐藤・倉元（2006）、リクルート（2008）が参考にな
る。こうした研究では、大学や学部にイメージとして抱いている形容詞を選択
させ、多重対応分析で各要素の布置から各大学・学部のポジショニングを明ら
かにする。佐藤・倉元（2006）が示した図4-2が示すのは、高校生が、伝統

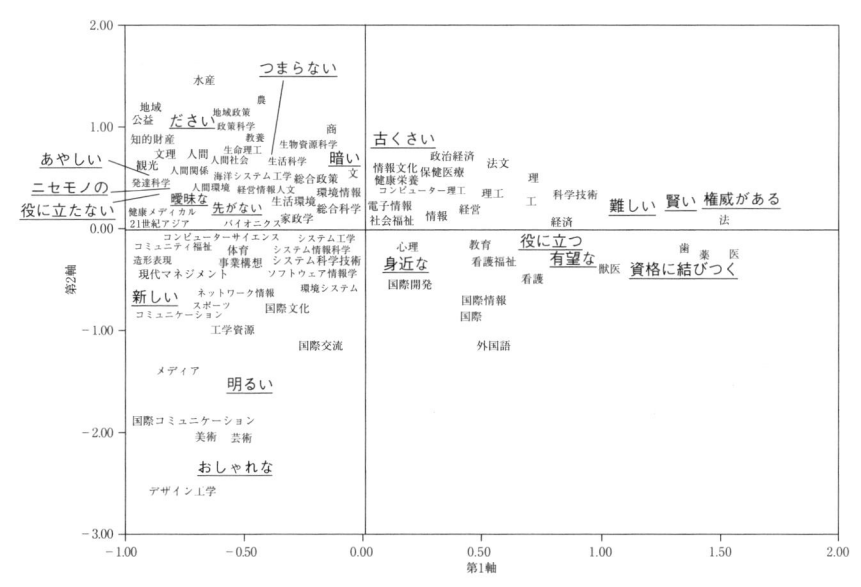

図4-2　学部名称イメージの多重対応分析結果
（佐藤・倉元、p.28、2006の図4-2、p.30の表4-5より作成）
（ただし、「×」：イメージ語、「・」は学部名称）

的な学部名称には肯定的なイメージを抱いているものの、新規の学部名称には胡散臭さや信用の置けない印象を抱いている様子である。

　また、後者については、例えば、坂田ほか（2010）や木村（2012）が参考になる。坂田ほか（2010）は、当該大学（電気通信大学）のイメージに近い類似の知識構造（「デジタルネイティブ」）を事前に与えることで、大学イメージについて高校生が想起する否定的印象を肯定的印象に変換させるという研究である。木村（2012）では、図4-3で示したように、どういう属性の生徒がどの「大学イメージ」をどの「大学特徴理解」に変容させていくのかを明らかにするために、オープンキャンパス（以下、「OC」と略記）体験前の「大学イメージ」とイベント体験後の「大学特徴理解」について自由記述させ、性別、県内／県外、志望強度（事前）、受験意欲（事後）の属性と共に多重対応分析を行っている。この印象語と属性の布置をみることで、例えば、1年生には「就職率」の話、2年生には「施設・設備」「歴史」の話、3年生には「研究」

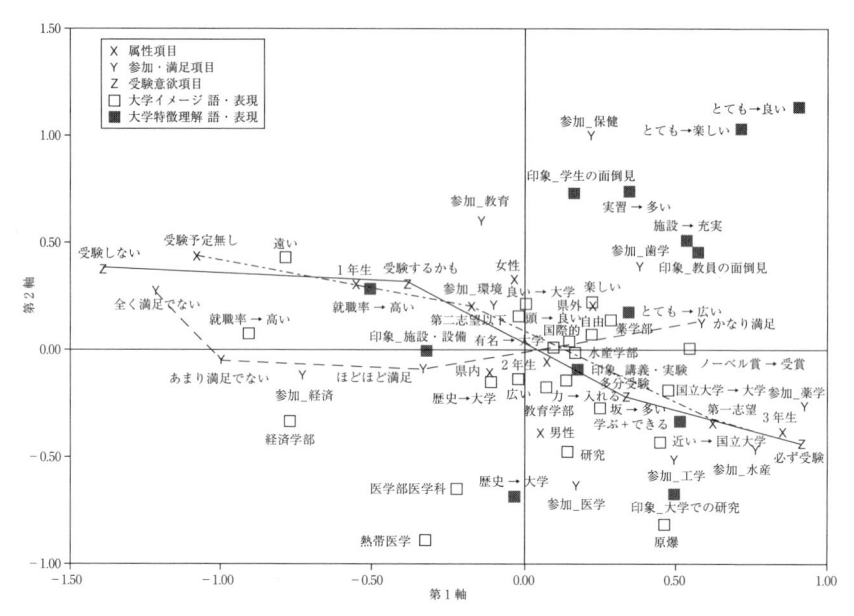

図4-3　大学イメージ（OC体験前）と大学特徴理解（OC体験後）の多重対応分析
　　　結果（木村、p.63、2012の図15より作成）

の話が印象に残っており、「大学での研究」を大学の特徴として理解するのは、
2年生や3年生など受験を現実的に考え出した男子生徒に多く、元々大学にそ
うした研究イメージを持った生徒であること等が分かる。

4.4.2　事例2）自大学入試に対する印象形成の統制

　大学入試の合否結果は、当該生徒にとっては自身の将来を決定づけるため
に、入試前後の大学の対応が自大学の入試広報、ひいては大学広報にとって最
大のリスク要因であることはあまり認知されていない。入試広報にとって、重
要なステークホルダーの1つである高等学校も上辺の入試広報よりも、その大
学がどういう入試問題を出すか、どういう面接をしているのか、その結果、ど
の学生に合否を出しているのかを徹底的に観察している。その後には、入学
した生徒をどう育てていくのか、といった大学教育の本筋に至るまでチェッ
クが入る。そのため、学生募集戦略に際して、アドミッションセンターの専

任教員が、何よりもまず考えるのが、入試ミス等のリスク管理（例えば、西郡, 2008）であり、面接担当者等の受験生と接触する教職員に対する事前レクチャーである。このことは、入社試験で不採用の学生に対し、自社の将来の消費者候補者として、自社イメージを崩さないままクリーングアウトさせるため、極力、圧迫面接をしない、という事態を想定してもらえれば分かりやすいだろう。この点については、西郡（2007, 2009a および b）が参考になる。図4-4 は、面接時に対する公正知覚の調査結果である。公正に扱われたと受験生が感じるための担当者レクチャーやマニュアル作りが大事になる。今後の入試改革で総合的かつ多面的な評価が求められれば求められるほど、この観点の表に出ない部分での入試広報が最も大事になってくるであろう。

　学生募集戦略は、そういった観点にまで十分な配慮が行き届いて初めて自大学に適したものが策定できる構造になっている。逆に言えば、どんなに素晴ら

社会的要因	——	面接官の態度（11） 面接がいい加減に感じる（3） 時間を掛けた念入りな面接（15） 面接官の対応（10） 面接の雰囲気（8）
構造的要因	志望動機、意欲、人間性を面接で測るのは不可能（50） 一度（短時間）の面接で評価できるか疑問（23） 客観的で適切な評価への疑問（5） 試験のための装った面接（15） 面接の巧拙（4） 志望動機、意欲、人間性を面接で測ることができる（8）	質問内容が適当でない（9） 集団・グループ面接への不満（9） 評価基準、配点基準の明確化、その他の情報の公開（14） 質問内容の検討（5） 面接時における自己アピール機会の増加（5） 主張やアピールできたこと（9） 質問内容に満足（2）
	AO 受験「未経験者」を多く含むグループ	AO 受験「経験者」を多く含むグループ （　）内は、該当回答数

図 4-4　グループ・要因別にみた面接に対する公正知覚
（西郡、p.40、2007 の図 4-2 より作成）

しい学生募集戦略が策定できたとしても、自大学に対する印象変化のメカニズムを知らなければ、的外れに終わる可能性が高く、入試時の印象形成に失敗すれば、そもそも受験者に大学の中身にまで目を向けてもらえず、学生募集戦略に行き着く前に、志願者を減らすことになるだろう。

4.5 学生募集戦略の策定拠点となるためのアドミッションセンターの組織論

前節まで述べたような学生募集戦略の策定に資する調査研究を可能にするには、データ分析やテスト理論などの確固たる学問分野（ディシプリン）をもった「大学入試の専門家」を必要とする。そして、そうした専任教員の各種スキルを活かす組織作りがもっとも肝心である。以下、箇条書きでそのポイントを記しておく。

アドミッションセンター教員に必要とされる職務スキル

・大学入試制度、及び、教育測定評価に関係する専門知識
・テストデータに関する分析スキル
・社会調査に関する分析スキル（データ解析、および、質問紙作成のスキル）
・高等学校サイドとの関係づくりを円滑に進める行動力と人間性

アドミッションセンターの組織づくりにおいて重要なポイント

・総長・学長等の執行部直下、教育・入試・広報担当理事・副学長の直下に設置
・初年次教育の講義科目の担当
　（自大学に入学した学生の様子を毎年知ることが可能）
・教職課程の講義科目の担当
　（自大学出身の将来の高校教員候補と早期の接触が可能）
・全学広報担当部署の業務を兼務（学生募集戦略の策定、大学広報との連携が容易）
・IR 関係部署の業務を兼務（追跡調査の実施が容易）

また著者の経験ではあるが、九州大学ではアドミッションセンターの専任教員は、初年次教育担当部局である基幹教育院に所属し、教育学の大学院教育も担当している。筆者の前任校である長崎大学では、専任教員が広報戦略本部の

職を兼任し、教職課程科目を担当していた。また、他大学の事例で言えば、管見の限り、佐賀大学では、専任教員が IR 室長を兼務している等、すでに上記の組織論が実践されている組織も存在する。また、多くの私立大学がこれまでそうであってきたように、大学広報との接続は今後もますます重要になってくるであろう。

文部省が 1986（昭和 61）年に、東京工業大学に委託した調査研究の報告書『大学入学者選抜に関する学内組織の在り方に関する調査報告』では、「専門職養成のための大学院の関連研究科又は専攻の設置」（東京工業大，p.15, 1988）が提案されていた。だが、その後 30 年経った今でもその種の試みがなされたとは聞き及ばない。学生募集戦略は、今後の入試改革を控える中、ますます専門的になってくることが予想され、アドミッションセンターの組織作りがその策定の成否の鍵を握るといっても過言ではない。

注
1) 「学力の 3 要素」については、「高等学校教育を通じて（i）これからの時代に社会で生きていくために必要な、主体性を持って多様な人々と協働して学ぶ態度（主体性・多様性・協働性）を養うこと、（ii）その基盤となる『知識・技能を活用して、自ら課題を発見しその解決に向けて探求し、成果等を表現するために必要な思考力・判断力・表現力等の能力』を育むこと、（iii）さらにその基礎となる『知識・技能』を習得させること。大学においては、それを更に発展・向上させるとともに、これらを総合した学力を鍛錬すること」（中央教育審議会答申，pp.6-7, 2014）と述べられている。
2) 例えば、鳴野（2003）、木村（2008 および 2014）を参照のこと。
3) 当時、「入学事務部（仮称）」で想定されていた職務は、「ア．高等学校および社会一般に対して、大学の内容や選抜方法等を周知させるための広報活動、入学相談等に関する事務、イ．入学者選抜の準備および実施に関する事務、ウ．高等学校成績、入学試験成績、大学学業成績等を通ずる追跡調査研究と妥当な選択方法の開発研究、およびこれらに関する諸資料の収集整理に関する事務、エ．大学における教育評価方法、教育効果測定等に関する調査研究、およびこれらに関する諸資料の収集整理に関する事務」（文部省，p.22, 1971）である。
4) 「入学広報」とは、受験生および高等学校等を対象のものを指し、「大学広報」とは、学内及び社会一般等を対象とするものを指す。調査において区別して質問されている。
5) 例えば、1970（昭和 45）年 10 月 13 日に出された『全国高等学校長協会第 23 回総会 要望書』において、「複雑ぼう大な入学者選抜事務を担当するために、大学にアドミッション

オフィスを設けることも望みたい」（全国高等学校長協会，p.27，1971）という表現がでてく
るなど、その呼称自体は意外に早くからある。

6) この問題への対応は、国公私によっても異なるし、結局のところ個別大学の「立ち位置」
に帰する問題となるので本章での議論からは割愛した。

参考文献

岡本卓也「テキスト分析のためにデータを洗練する — 大学イメージ調査への対応分析の適用」
藤井美和、李政元、小杉考司『福祉・心理・看護のテキストマイニング入門』中央法規出版、
pp.95-113、2005 年。

国立大学アドミッションセンター連絡会議編『国立大学アドミッションセンター連絡会議10
周年記念誌』pp.1-68、2013 年。

木村拓也「大学入試の歴史と展望」繁桝算男編『新しい時代の大学入試』金子書房、pp.1-35、
2014 年。

木村拓也「大学イメージのテキストマイニング — 高大連携事業における印象変化の測定」東北
大学大学院教育情報学研究部・教育部編『教育情報学研究』11、pp.51-67、2012 年。

木村拓也「アドミッションセンターの系譜学 — 何故、そしてどのような大学入試『研究』が
求められたのか？」日本テスト学会編『日本テスト学会第6回大会発表論文抄録集』pp.81-
91、2008 年。

坂田英、小坂大、坂本真樹「ブランド知識におけるネットワーク構造の組み替え手法に関する
実験的検討 — 大学の否定的イメージを肯定的イメージに転換する方法」日本広告学会編『広
告科学』53、pp.48-61、2010 年。

佐藤洋之、倉元直樹「入試広報としての学部名称を考える — 高校生はどう捉えたか」東北大学
大学院教育情報学研究部・教育部編『教育情報学研究』4、pp.25-34、2006 年。

鳴野英彦「国立大学におけるアドミッション・オフィスの系譜」夏目達也編『高校と大学のアー
ティキュレーションに寄与する新しい大学入試についての実践的研究（平成 12-14 年度日本
学術振興会科学研究費補助金（基盤研究 A）研究成果報告書）』pp.301-313、2003 年。

全国高等学校長協会「全国高等学校長協会第 23 会総会 要望書」大学問題資料調査会編『大学
問題総資料集 IV 入試制度および教育・研究』有信堂、pp.26-27、1971 年。

大学入試センター編『入学広報に関する実態調査報告書』pp.1-25、1989 年。

中央教育審議会答申『新しい時代にふさわしい高等学校教育、大学教育、大学入学者選抜の一
体的改革について』2014 年、available to:http://www.mext.go.jp/b_menu/shingi/chukyo/
chukyo0/toushin/__icsFiles/ afieldfile/2015/01/14/1354191.pdf（最終確認日：2016 年 1
月 3 日）

中央教育審議会答申『21 世紀を展望した我が国における教育のあり方について（第二次答申）』
1997年、available to：http://www.mext.go.jp/b_menu/shingi/chuuou/toushin/ 970606.htm

（最終確認日：2016 年 1 月 3 日）

東京工業大学編『大学入学者選抜に関する学内組織の在り方に関する調査報告書』pp.1-98、1988 年。

西郡大「大学入試における面接試験に関する検討 ― 公正研究からの展望」東北大学大学院教育情報学研究部・教育部編『教育情報学研究』5、pp.33-49、2007 年。

西郡大「大学入学者選抜における『入試ミス』の分類指標作成の試み」東北大学大学院教育情報学研究部・教育部編『教育情報学研究』7、pp.39-48、2008 年。

西郡大「大学入学者選抜における公平性・公正性の再考 ― 受験当事者の心理的側面から」国際教育学会（ISE）編『クオリティ・エデュケーション』2、pp.119-136、2009 年（a）。

西郡大「面接試験の印象を形成する受験者の心理的メカニズム ― 大学入試における適切な面接試験設計をするために」日本テスト学会編『日本テスト学会誌』5（1）、pp.81-93、2009 年（b）。

文部省・大学入学者選抜方法の改善に関する会議「大学入学者選抜方法の改善について（中間まとめ）」大学問題資料調査会編『大学問題総資料集 IV 入試制度および教育・研究』有信堂、pp.17-23、1971 年。

リクルート「高校生から見た大学ブランド（第 2 弾）進学ブランド調査 2007（Part2）大学イメージをポジショニングマップで比較する」リクルート進学総研編『カレッジマネジメント』26（2）、pp.20-35、2008 年。

臨時教育審議会『教育改革に関する第 1 次答申』総教第 200 号、pp.1-35、1985 年。

第 5 章

経営機能としての戦略的広報活動

5.1 戦略的広報活動の必要性

「広報」の概念は、英語の「public relations」に由来している。猪狩（2007）
および関谷（2014）は、組織とそれを取り巻く人々・集団との関係を円滑に
し、お互いが信頼できる関係をつくり、維持する考え方・技術であるとし、そ
の方策として双方向のコミュニケーションの重要性を説いている。しかし「広
く報じる」という字面からか、単に情報をより多くの人に発信すること、一方
向的な情報発信と捉えられてないだろうか。情報発信は双方向のコミュニケー
ションにおける発信の部分であり、あくまで広報の手段に過ぎない。「お互い
が信頼できる関係をつくる」ことこそが広報であり、そこに求められるのは組
織が目指す方向性や価値観により多くの共感を得ることである。共感は信頼へ
とつながり、組織はそれを取り巻く人々や集団から他の組織とは異なる絆で結
ばれる。これがブランド（組織の場合はコーポレート・ブランド）である。ブ
ランドの力が強い組織は、より大勢の人を引き付け、社会的存在意義を大いに
高める。

　ところで、組織を取り巻く人々や集団は組織の内と外、双方にある。組織の
外から信頼を得るためには組織の内、つまり組織成員とのコミュニケーション
活動を通じて信頼関係を構築しなければならない。組織の存在意義である使命
（ミッション）、目指す方向であるビジョン、ミッションを踏まえたビジョン実
現のための中長期的な計画といった経営戦略を組織成員と共有することで一体

感と信頼が生まれる。そのためのコミュニケーション活動も含めた一連の取組みが組織内に対する広報である。そうして組織で共有したものを組織の外の認識とのギャップを確認しながら双方向のコミュニケーションを通じて埋めていき、よりよい関係を構築するのが組織の外に対する広報である。もちろん、いくら組織の内で共有されていても外でまったく認識されていなければ社会的存在意義は高まらず、まずは組織そのものを知ってもらうことが最優先される。この組織の内と外に対する広報について目標を定めて計画的に進めることが戦略広報である。

ひるがえって大学業界に目を移すと、組織の外（学外）に対して大学名を知ってもらうことに終始している大学は依然として多い。これは、大学のブランドが入学難易度（入試偏差値）による序列とほぼ同じものとして語られているところから、大学名の発信に偏らざるを得ないという事情もある。しかし、私立大学の場合、推薦・AO入試など一般入試以外による入学者数が50%を超えるまで上昇している現在、入学難易度だけで大学の価値を決めるのは大学本来の姿を見ていることにはならないし、各大学もそれぞれの理念に沿った個性ある取組みを進めている。今こそ積極的な戦略広報が求められている。

5.2 大学の広報活動

5.2.1 入試広報と全学広報

大学の広報活動は、一般的に毎年度の入試志願者の獲得を目的とした短期的成果で図られる「入試広報（短期的）」と、経営機能としての理念に基づくブランドイメージの構築と組織力向上など中長期的成果を目指す「全学広報（中長期的）」に分けて語られる（図5-1）。前者は、主な対象を高校生を中心とした受験生に限定する。各大学は受験生の中から獲得したい学力層を絞り込み、いかに自大学の情報を効率的に届けるかということに腐心する。具体的には、オープンキャンパス（大学の無料見学会）が盛んに実施される夏前に、オープンキャンパスを案内するダイレクトメールやテレビCMを行ったり、秋の推薦入試前に出願を促すダイレクトメールや新聞・雑誌広告を行ったりすること

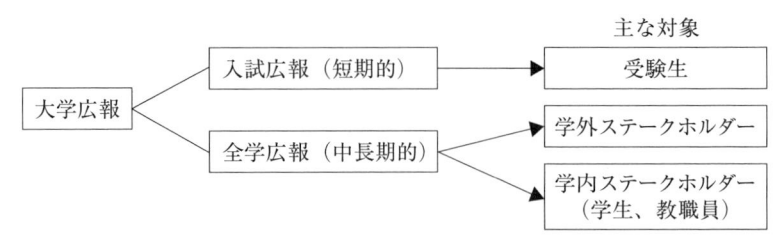

図 5-1　大学広報の分類と直接的対象
（筆者作成）

が挙げられる。また、大学の学生および教職員が、受験生や保護者に対して直接、自大学の紹介を行う場であるオープンキャンパスも入試広報を代表するものである。受験生の獲得は、収入の70%以上を授業料収入に頼っている私立大学の場合は、経営の根幹にあたることから全学広報と分けて考えられるが、本来は全学広報の一部分として位置づけられるべきものである。このため、全学広報の方針に沿ったブランドイメージの共有や情報発信に留意しなければならないし、特に規模の大きい大学は入試広報と全学広報を担当する部署を分けて配置する場合が多いだけに両部署の密な連携が必要となる。

　次に「全学広報（中長期的）」に関して、広報活動の直接的な対象は、受験生以外（間接的には受験生も含まれるが）であり、学外では官公庁、地域、報道機関など社会一般（学外ステークホルダー）を、学内では学生、教職員（学内ステークホルダー）を想定する。

5.2.2　先行研究

　組織力向上の観点から、大学における全学広報の研究に関する蓄積は希少である。伊吹（2005）は、大学経営における組織力向上の観点から経営戦略に基づいた「戦略広報」の重要性を指摘している。戦略広報の一つの方策として、「全学広報」にあたる「その他の広報」を挙げており、「経営戦略－広報－組織成果」というフローで考える。フレームワークとしては、「建学の理念 →全体の経営戦略 →（例：入試広報の戦略、その他の広報の戦略）→戦略にあった組織 ⇒ 総体としての組織成果」である。中長期的には大学の何を売るのか、

短期的には何を売るのかを大学として全体決定し、各教職員が共有している必要がある。この共有の鍵となるのが学内広報である。広報の役割を経営戦略と結びつけて、その効果を組織としての成果に注目した点は新しい切り口である。

　一方、学外に対して、いかに自大学の存在意義を理解してもらい信頼を獲得していくブランドイメージの構築に向けた取り組みについては、多くの実践例が報告されている。小林（2009）は、金沢工業大学、国際教養大学、立命館アジア太平洋大学、国際基督教大学を例に、ブランド力の高い大学に共通するポイントを「大学の入り口と出口を理念で一貫させる経営ができているかどうか」と指摘し、建学の精神に代表される理念に基づいた大学運営の姿を学内外のステークホルダーにコミュニケーションを通じて理解を得ていくことが広報活動の役割であるとした。その上で、まずは大学の組織成員である学生、教職員に対して理念や目指すべき方向性を浸透させ、組織力向上の基盤となる満足度や意識を高める学内広報の重要性を強調している。外村（2009）は、大学ブランドイメージの確立は、理念や自大学の強みを統合したブランド構想をマネジメントすることであり、その根幹は大学トップが学内教職員に対してブランド構想を表明し、コミュニケーションを通じて共感・共有する学内広報にあるとした。そして、ブランド力向上の過程において、教職員に理念の共有と意識変革が生まれ、大学改革のモチベーションを高める効果が認められるという。また田中（2014）は、ブランド力の強化の意味について「ステークホルダーに対して大学名とそのシンボルがどのような意味を伝達するか、あるいは大学名からどのような心理的反応を得るのか。これを大学にとって望ましい形で達成すること」と説明し、大学が対象とするステークホルダーそれぞれに対して的確にメッセージを発信することにかかっているとした。

　このようにブランドイメージの構築には、まず学内ステークホルダーである教職員に対しての理念や目指す方向性の浸透のための学内広報が必要である。そして、その過程において組織力の向上も図れると考えられ、ブランド力の強化と組織力の向上は同時並行的に進むものと理解できよう。

5.2.3　大学における広報活動の動向

　本項では、文部科学省が2012年3月に全国の国公私立大学の内668校を対象[1]にwebで実施した「大学等の広報に関するアンケート調査結果」から概要を考察したい（表5-1）。広報の組織、体制について、入試や総務の業務などと兼ねない「広報を専門に行う組織がある」と回答したのは、国立大学が63.5%と最も高い。比較的規模の大きい大学ばかりで職員数も多い国立大学は、広報専門の組織の設置が進んでいる。広報担当部署の組織内での位置づけについて、理事長や学長といった「組織の長直轄の組織」は私立大学が20.1%、「組織の長以外の役員直轄の組織」は国立大学が22.4%である。「通常の事務組織内の一部署」は公立大学が78.5%と最も高い。経営機能としての広報活動を考えるには、組織の長や役員といった経営層直轄の組織の方が望ましいと考えられるが、実際にそのような大学は少数である。また、戦略広報の基本となる大学全体で広報に関する基本方針・戦略を策定しているかについて、「策定している」は国立大学が83.5%と最も高く、より広報専門の組織の設置が進んでいる国立大学で最も取り組まれている。

　次に、広報担当部署で行っている具体的な業務をみたい（表5-2）。大学が直接タイムリーな情報発信を行うことのできる「ホームページの運営・管理」と「報道（取材）対応」は、基幹業務として位置づけることができる。また大半の国立大学は、学内広報に代表される「組織内広報」にも熱心である。この他、「ブランド戦略」は国立大学で最も取り組まれている一方で「入試広報」

表5-1　広報の組織、体制等について（%）国立大学（n=85）公立大学（n=65）
　　　　私立大学（n=518）

項目	国立大学	公立大学	私立大学
広報を専門に行う組織がある	63.5	15.4	35.7
組織の長直轄の組織	10.6	10.8	20.1
組織の長以外の役員直轄の組織	22.4	9.2	6.0
通常の事務組織内の一部署	65.9	78.5	72.0
広報基本方針・戦略を策定している	83.5	52.3	55.0

（文部科学省「大学等の広報に関するアンケート調査結果」（2012）より筆者作成）

表 5-2　広報担当部署の業務（複数回答可・%）国立大学（n＝85）公立大学（n＝65）私立大学（n＝518）

項目	国立大学	公立大学	私立大学
ホームページの運営・管理	97.6	89.2	81.1
報道（取材）対応	97.6	81.5	73.6
組織内（学内）広報	91.8	60.0	71.2
ブランド戦略	71.8	24.6	45.9
入試広報	27.1	43.1	55.8

（文部科学省（2012）、前掲書より筆者作成）

は私立大学で最も取り組まれている。入試志願者数が財政に直結する私立大学は広報活動の中でもより入試広報を、国立大学はブランド戦略に取り組む傾向がみられる。

5.3　戦略広報の効果の検証

5.3.1　分析モデルの設定

　本項では、学内広報に関する取組みを行うことで戦略広報の実行を支える組織風土がさらに醸成され、そのことが組織力向上の前提となる組織成員個人にプラスの効果をもたらすという分析モデル（図 5-2）を設定して考える。なお、ここでいう組織成員とは、経営スタッフである職員に限定する。「戦略広報の実行を支える組織風土」とは、職員それぞれが自大学の戦略広報の取組みの進捗状況について理解が進んでいる（浸透している）ことを表したものである。このモデルによって「職員の理解と参加を得られるような学内広報を進めることで、戦略広報を実行していくための組織風土が作られ、それが個人に対してプラスの効果をもたらす」という仮説を検証する。具体的な効果とは、職員の組織に対する関心度や組織満足度を向上させることを想定する。検証の手順は次のとおりである。

> ①戦略広報風土 ⇒ 組織満足度
> ②学内広報活動 ⇒ 戦略広報風土
> ※①、②は図 5-2 の番号と同じ。個人属性の影響はコントロールする。

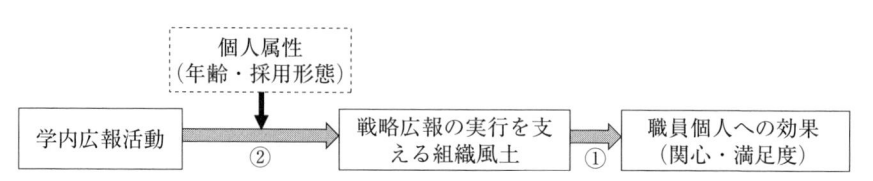

（注）個人属性は年齢、卒業大学と所属大学が同一か別か、新卒入職か中途入職か

図 5-2　分析モデル
（筆者作成）

5.3.2　データ及び調査の方法

　検証にあたり、同志社大学 HRM 研究会が 2012 年 12 月にインターネットで実施した「大学職員に関するアンケート調査」の結果[2]を用いる。調査は、回答者個人の職務に対する姿勢や大学全体として取り組んでいる広報活動に対する評価、経営施策の状況などについて質問したものである。調査は、全国の国公私立大学職員を対象に行い、225 人の専任職員から回答を得た。

5.3.3　モデルの検証

5.3.3.1　変数と尺度の設定

　個人への効果を示す変数は、アンケート結果をベースに統計手法を用いて作成し、「組織に対する関心度」「組織満足度」「職務満足度」を設定した。このうち、「組織に対する関心度」は、大学の教育理念や経営方針を理解し、新しい仕事や組織をより良くしていこうとする意欲である。「組織満足度」は、大学の組織運営や経営に満足し、引き続き組織成員として関わっていきたいという意識の表れである。戦略広報の実行を支える組織風土変数も、アンケート結果をベースに統計手法を用いて「戦略広報風土」の変数[3]を設定した。

5.3.3.2　戦略広報の実行を支える組織風土変数の効果の分析および結果

　個人属性に戦略広報の実行を支える組織風土変数を加え分析を行う（表5-3）。「組織に対する関心度」と「組織満足度」については極めて高い確率でプラスの効果を示した。

表 5-3　戦略広報の実行を支える風土と組織変革の効果

（筆者作成）

	組織に対する関心度	組織満足度	職務満足度
戦略広報風土	++	++	
調整済み決定係数	0.11	0.35	0.04

（注）　推定方法は OLS 法。
　　　　有意性の判断は 5% 水準。++ は 1% 水準。空欄は効果がみられなかった。

5.3.3.3　戦略広報の実行を支える組織風土変数の規定要因の分析および結果

　次に「戦略広報風土」を規定する要因を探りたい。具体的には次の４つの取組みを設定した。「入試広報以外の広報を行う専門の部署があるか」「学内組織を横断する情報収集組織があるか」「イントラネットを用いたリアルタイムで学内教職員が情報共有できるシステムを導入しているか」「広報担当者以外の一般教職員を対象にした広報に関する研修会を実施しているか」の４つである。これらの取組み状況の結果をもとに分析を行った（表5-4）。

　その結果、「学内組織を横断する情報収集組織があるか」「広報担当者以外の一般教職員を対象にした広報に関する研修会を実施しているか」の２つが極めて高い確率でプラスの効果を示した。この２つは広報活動を一部の職員が担うのではなく、全職員を巻き込もうという意識を具体化した学内広報的取組みであり、組織への一体感をもたらしていると考えられる。戦略広報風土の醸成に有効な取組みだといえよう。

　以上の分析から設定した仮説「職員の理解と参加を得られるような学内広報を進めることで、戦略広報を実行していくための組織風土が作られ、それが個人に対してプラスの効果をもたらす」は支持された。中でも広報担当以外の一般教職員を対象にした研修の重要性が明らかとなった。研修は講師と受講者と

表 5-4　戦略広報の実行を支える風土と組織変革の規定要因

（筆者作成）

	戦略広報風土
入試広報以外の広報を行う専門の部署があるか	
学内組織を横断する情報収集組織があるか	++
イントラネットを用いたリアルタイムで学内教職員が情報共有できるシステムを導入しているか	+
広報担当者以外の一般教職員を対象にした広報に関する研修会を実施しているか	++
調整済み決定係数	0.17

（注）推定方法は OLS 法。
　　　有意性の判断は 5％水準。++ は 1％水準。空欄は効果がみられなかった。

の間で双方向のコミュニケーションを取ることが可能であり、学内広報において有効な手段となりうるものである。

5.4　戦略的広報活動の実践事例の紹介

5.4.1　追手門学院大学の戦略広報

　追手門学院大学（大阪府茨木市）は文系 6 学部から成る学生数約 6,500 人の中規模大学である。近年、ガバナンスや入試・広報などの改革に積極的に取組み、2015 年度一般入試志願者数の対前年度比増加率は、全国主要私立大学の中で最も高い 147.6％を記録[4]した。2013 年度に大学全体の中期経営戦略を初めて策定して以降、追手門ブランドの確立と学内外広報の強化を主要施策の 1 つに掲げ、取組みを進めている。広報を担う組織体制としては、法人も含めた大学の全学広報を所管する広報課と学生募集に特化した入試課の 2 つがある。追手門学院大学は「特色のない」ことが積年の課題であり、ブランドの中核となる理念に基づいた追手門学院らしさと目指す先を表現するユニバーシティ・アイデンティティ（以下、「UI」という）[5]を明確にすることから始めた。2013 年度に中堅教職員から成るワーキンググループを立ち上げ、学院・大学執行部へのインタビューや教職員 50 名が参加したワークショップを行い、

追手門学院らしさを表すキーワードを抽出した。その後、大学としてまとめたのが、学生の成長を支援する教育力のある大学であった。その実現に向けたスローガンとして「想像もしなかった自分史がはじまる」とキャッチコピー「自分史上、想像以上！」を定めた。

2014 年度からは UI に基づいた広報戦略を本格的に進めている。主管する広報課の理念を「追手門学院の認知度向上とブランドの強化を図り、学院の中長期的な発展に寄与する」と定めて入試課との役割分担を明確にし、理念の下に目標を置いた。そして UI を核に学内の教育活動やマネジメントを統合して見える化を図るとともに、年間の広報計画を策定して学内教職員へ公開することで UI の浸透を推進している。統合したストーリーとして、①キャッチコピー「自分史上、想像以上！」に成長できる大学の明示、②成長を約束するための独自の入試制度であるアサーティブプログラム・入試、③成長を支援する独自の教育プログラムであるリーダー養成コース、スポーツキャリアコース等、④図 5-3 の広告デザインのような様々な「自分史上、想像以上！」を達成した学生の紹介を提示している。

具体的な取組みは、UI の説明や広報活動の学内広報誌・公式ホームページへの掲載、入試課との定期的な会議による情報共有と大学案内等学生募集ツールへの UI の展開、広報に関する研修会の実施、UI の体現者である学生の露

図 5-3　UI に基づく広告
（追手門学院大学提供）

出を意識した各種広告物の学内外に対する継続的な展開などである。このように追手門学院大学は、理念や目指す方向性の明確化と学内者への浸透を重視した経営機能としての広報活動を展開している。一連の取組みの評価指標は、「UI の教職員への浸透状況とイメージに関するアンケート」「新聞・雑誌・TV への露出状況」「外部機関のブランド調査」などで、これらを継続的にチェックすることで改善につなげている。こうした取組みの結果、2014 年度の新聞・雑誌等の記事によるメディア露出は前年度の 2 倍に増加し、外部調査機関による調査結果によると、大学知名度も上昇したということであった。

5.4.2　近畿大学の広報戦略

　近畿大学（本部 大阪府東大阪市）は 13 学部（2016 年度から 14 学部）を有する学部学生数 3 万人を超える西日本最大級の私立総合大学である。2014 年度から 2 年連続で一般入試志願者数が全国 1 位となり注目を集めている。近畿大学の広報戦略の特徴は、西日本最大級の規模と社会性の高い数々の研究成果をブランドの源泉とし、迅速な意思決定による独自性を追求したマス媒体（特に新聞・テレビ）中心の情報発信にある。教職員数だけをみても約 5,500 人が全国各地のキャンパスに在籍する大所帯であり、組織全体で日常的にコミュニケーションを図ることは物理的に難しい。「全学事務組織方針」に全教職員が情報収集力と発信力を持つことを明記しているにせよ、マス媒体を通じた学外評価をより多く獲得することで組織としての一体感の醸成と広報活動に対する信頼につなげている。これまで見てきたオーソドックスな広報活動ではなく、近畿大学特有の規模と研究力を生かした圧倒的情報発信中心の広報活動である。そうした一連の広報活動を主管するのが広報部である。2013 年度から、それまで入学センターにあった入試広報課と総務部にあった広報課を統合して設置した。執行用途も含めて広報部で一括管理できる予算制度と大半の案件を部長決裁で完結できる意思決定の仕組みを導入しているところは、近畿大学ならではの制度的特長である。

　近畿大学広報部の目標は、偏差値でグループ分けされるブランド偏重の大学界において、近畿大学が正当に評価されるようになることである。具体的手

法としては、広報部員を中心とした徹底した情報収集によるメディアへの露出を意識した年間約300件の報道機関へのニュース素材への提供（プレスリリース）と、世界初のマグロの完全養殖という研究成果を生かした話題性とデザイン性の高い広告展開である（図5-4）。

　これによって地元関西のみならず全国的に報道されることで知名度が高まり、特に関西の私立大学の知名度が低い首都圏以東からの学力の高い志願者の掘り起こしに成功しているという。

図 5-4　斬新な広告デザイン
（近畿大学提供）

例えば、大学が東京・銀座に養殖マグロの飲食店を出店したニュースは、在京キー局が取材・放送し、その効果は広告費に換算すると4億5千万円の価値があったと大学側は試算している。近畿大学は10万人を超える志願者を獲得するという学生募集（いわゆる入試広報）の観点からも、規模と効率性を考えてマス媒体を重視していることが分かる。

　以上に挙げた大枠の広報活動に加え、広報部長が「知と汗と涙の広報戦略の結果」と語ったように妥協を許さない、きめ細やかな対応に強さの源泉がみられる。それは初めから計画や戦略を立てるのではなく、①とにかくニュースになりそうな素材を広報部員が学園全体を対象に収集し報道機関へ発信すること、②プレスリリースはすべて内製化し、広報部員全員で意見交換して調整し質を高めること、③入試の時期には入試に特化した広告や情報発信を行うこと、④広告は話題性とデザイン性を重視すること、⑤広報活動の成果は新聞記事の露出状況とSNSでの拡散状況等から客観的に評価すること、⑥附属学校を含めた全部署に配置する広報担当者研修会を毎年開催して情報発信やメディア露出への意識を高めること、⑦担当者の知識や技術をレベルアップさせることなどがそれを裏付けている。

注

1) アンケート調査は、全国の国公私立大学、公私立短期大学、大学共同利用機関、研究開発法人合わせて 900 機関を対象に実施された。表5-1 は、その内の国公私立大学 668 校の結果を引用した。

2) 記述統計等の詳細は、谷ノ内（2014）を参照のこと。

3) アンケート項目は、戦略広報を進める上で必要な組織連携や方針に関するものや、大学の特色の明確化（いわゆる UI の設定）といった戦略広報の手段に関するものである。

4) 大学通信調べ（2015 年 3 月 19 日発表）

5) ユニバーシティ・アイデンティティ（university identity）とは、大学とは何もので、何のために存在しているのか」という自身の個性や存在意義を問い直して、「これからどうありたいと願うのか」という理念を整理・再編することである。広島大学ウェブサイト：http://home.hiroshima-u.ac.jp/forum/34-4/t1.html を参考。2015 年 10 月 5 日確認。

参考文献

猪狩誠也編著『広報・パブリックリレーションズ入門』宣伝会議、pp.12-17、2007 年。

伊吹勇亮「大学広報の効果的実施」長岡大学地域研究センター『地域研究』第 5 号、pp.129-135、2005 年。

小林浩「大学競争時代における大学ブランド戦略の展開～個性ある大学の創造～」私学経営研究会『私学経営』407、pp.97-106、2009 年。

関谷直也「広報・PR とは」『広報・PR 論』有斐閣ブックス、pp.3-14、2014 年。

外村幸雄「第 14 章 大学における広報活動」『私立大学マネジメント』東信堂、pp.491-530、2009 年。

田中洋「大学にとってのブランドとは何か」日本私立大学連盟『大学時報』63、pp.32-39、2014 年。

谷ノ内識「大学における広報活動の効果に関する研究：大学職員を対象とした調査結果をもとに」日本広報学会『広報研究』第 18 号、pp.21-34、2014 年。

文部科学省ウェブサイト http：//www.mext.go.jp/component/b_menu/shingi/toushin/__icsFiles/afieldfile/2014/02/18/1344349_3_1.pdf、2015 年 8 月 20 日確認。

第 6 章

大学間の提携の戦略的活用

6.1　大学間の提携とは何か ― その定義と分類 ―

　大学間の結びつき、協働の関係一般を提携（アライアンス）とすれば、その有り様は多種多様である。大学団体の結成・加入（国立大学協会、私立大学連盟、私立大学協会など）はその例であり、各大学は何らかの提携をすでに行っている。しかし、各大学は様々な提携にすべて同じように関わっているわけではない。連絡・交流的な弱い結びつきの提携では、ヒト・カネなどの資源の拠出は限定的であり、そのメリットも限られている。

　一方、共同事業の実施や連合大学院のような強い結びつきの提携では、相応の資源の拠出も必要になるけれども、得られるメリットも変化する。例えば、共同事業体（大学コンソーシアム）で得ることが可能なメリットとして、①スケールメリット（規模の経済による効果）、②シナジー（単なる合力を超えた相乗効果）、③パイロットプログラム（試行実証・普及）、④相互補完（資源の持ち合うことで自大学の特色発揮を目指す）が挙げられる。よって各大学には、漫然と提携に参画するのではなく、提携それぞれの性質を見極め、戦略的に活用していくことが求められる。そうした性質の見極めには、提携の分類が有用である。

　提携の分類に関する先行研究としては、国立大学の統合を機関の種類と地域的要因をもとに分類したもの（羽田，p.107, 2002）、提携の効果により分類したもの（金子，pp.5-6, 2003）が挙げられる。しかし、これらの分類では分

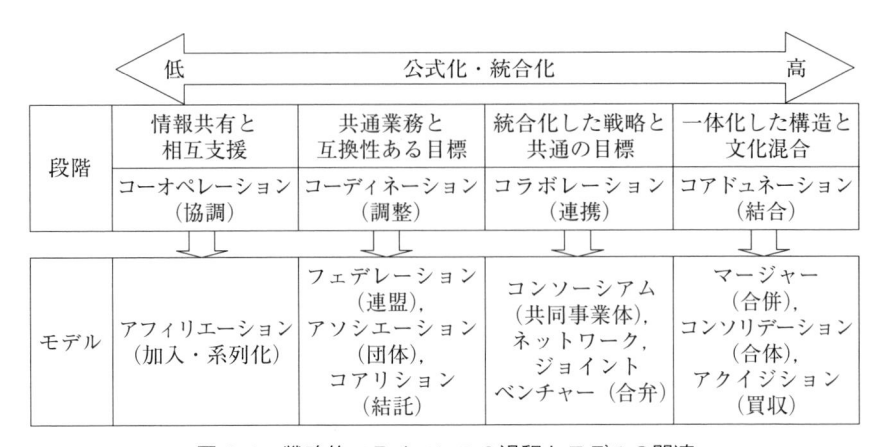

図6-1　戦略的アライアンスの過程とモデルの関連
（Bailey, D.・Koney, K.M（2000, pp.7-10）の3つの図を筆者が統合した）

類間の区分けは必ずしも明確ではなく、結びつきの強弱が段階的に示されていない。結びつきの強弱は資源拠出の多寡とリンクしており、参画に戦略的な判断が必要なことに鑑みると、結びつきの強弱に基づいた分類が有用である。そうした視点は経営学・組織間関係論で発達しており、特にBailey, D.・Koney, K.M.（2000）は提携を公式化・統合化の度合い（意思決定の独立性）における連続的な過程として捉え、その過程を4段階・10モデルに区分している（図6-1）。

（1）コーオペレーション（協調）

　図6-1では最も結びつきが弱い段階である。何らかの共通性（地域性、業務類型・学問分野など）における会議体・会合という形で、情報交換・コミュニケーションの場として機能する。運営コスト・リスクは最低限のものに限られる。また、提携の運営・管理は非公式的であり、正式な統治の実体は存在しない。各大学の意思決定は完全に独立・自主性は保たれており、各大学の内部構造に影響を与えることは無い。具体例としては、業務領域（例えば「入試」や「就職支援」等）別または地域別の大学懇話会や共同イベントの実施、学問分野別の各大学の学部長会議類（特に国立大学に見られる）などが挙げられる（担当校持ち回りで運営されることも多い）。

（2）　コーディネーション（調整）

図 6-1 では2つ目の段階である。特定の目標（例えば政府との交渉）を達成するために結びついており、参画にあたっては文書での手続きが行われ、ルールが策定されたり、各大学へ業務の割り当ても行われたりする。一定のコスト（会費・事業費の拠出や担当事業の割り当てなど）の負担を伴い、各大学とは別個の機関が立ち上がることもあるが、事業・取組みは特定の範囲に限られる傾向がある。各大学の自立性が大きく失われることはなく、大学内部の構造が変化することはない。具体例としては、設置形態別に形成されている団体が当てはまる。例えば、国立大学協会、私立大学連盟、私立大学協会、公立大学協会等（羽田，2012．を参照）が挙げられる。各団体の取組みは異なるが、調査研究、政策提言・政府への要望、研修事業、共同広報などは概ね共通して実施されている。

（3）　コラボレーション（連携）

図 6-1 では3つ目の段階である。目標のみならず戦略も共有され、各参画機関の活動範囲（義務）は明確なものとして相応の責任・業務を担う。提携への参画は完全に公式的なものとして行われ、その活動（例：授業科目の持ち合い（単位互換）、インターンシップ、産官学地域連携、高大連携、生涯学習などの共同事業、施設・設備の共同運営など）を通じて一定程度、相互依存することになる。運営は集中化していき、専属する職員が配置・雇用されうる。大学内部の構造・運営も影響を受け、場合によっては特定の機能を他大学または別に設置する機関に委ねることもある。各大学の意思決定は独立しているものの、提携の範囲内の事柄において、自立性はある程度制限されることもある。具体例としては、共同事業体（大学コンソーシアム）、連合大学院、共同教育課程の設置・運営が挙げられる。

（4）　コアデュネーション（結合）

図 6-1 では4つ目の段階であり、喜多村（pp.11-13, 1989）が示した「他の法人への設置者変更、他の法人へ系列化、他の学校法人への吸収合併、公立移管」に相当する。各機関の目標・戦略・資源を完全に一体化して新たな機関（または、いずれか一つの機関が存続）を創出するものであり、不可逆的・

永続的である。そのプロセスは政府機関の認可等が必要となるなど、完全に公式的であり、専門家の助力を必要とする場合もしばしばある。当然、各機関の個別の意思決定権・自立性は喪失する。具体例は多いが、設置形態別でその契機は大きく異なる。国公立大学の場合、政府・自治体の政策変更が大きな影響を及ぼす。国立大学の法人化という大きな政策変更は、その当時、国立総合大学＋国立単科大学の統合を多数もたらした。公立大学の場合、政策変更の影響はより直接的であり、例として首都大学東京（2005年の都立4大学・短大の統合）、大阪府立大学（2005年の府立3大学の統合）が挙げられる。私立大学の場合、激変する環境変化への自主的な対応（統合による、さらなる特色の発揮・補完、あるいは学生募集の先行きや財政的な自立性の勘案）が契機となる。ただし、私立大学の建学の理念は各校様々であり、関係者の感情的な思いも考慮する必要にも鑑みると、単に経済的なメリットのみによって行われるものでは無い。

（5）　提携の難しさ（特にコラボレーションに注視して）

各大学の提携への関わり方は、前述のとおり、その提携の強弱の段階・類型により大きく異なる。その中でコラボレーション（連携）への関わり、また、その経営には独特の難しさがある。その理由は次の2つである。

- ・情報交流のような資源拠出がほとんど求められない提携と異なり、参画機関にはある程度以上の資源の拠出・持ち合いが求められる。
- ・意思決定権が最終的に一つとなる合併・統合と異なり、参画機関は個々の意思決定権を有したままであり、運営には共同事業そのものの運営のみならず、参画機関相互の意思決定の調整も必要となる。

我が国においては1990年代以降、このコラボレーションの一形態としての共同事業体（大学コンソーシアム）が一定の広まりを見せつつある。

6.2　大学間の共同事業体（コンソーシアム）の現状

6.2.1　歴史的経緯

（1）　米国の歴史的経緯

　世界的に大学コンソーシアムが先行した米国における取組みの嚆矢は 1925 年に設置された「クレアモント大学コンソーシアム（Claremont University Consortium）」とされる（Moore, R.S, 1968, p.1; Neal, D.C, 1988; Patterson, L.D, 1970, p.1: 龍慶昭、佐々木亮, 2005）。第二次大戦前の大学コンソーシアムは数団体に限られていたが、1950 年代後半から 60 年代に入り、数十の団体が設置された（Patterson, L.D, 1970. p.1）。このように大学コンソーシアムが躍進した理由は、学生のニーズ増大（大戦後の進学率上昇）、連邦政府のインセンティブにある（Baus, F & Ramsbottom, C.A, 1999, p.3）。例えば、西マサチューセッツの「ファイブカレッジ（Five Colleges, Inc）」は、第二次大戦後に数多くの復員軍人が高等教育の機会を利用しようとする動きに対応し、結成された（Baus, F & Ramsbottom, C.A, 1999, p.3）。政府もこの動きを促進し（1963 年の高等教育施設法、1965 年の高等教育法など）、さらに各種の助成財団もこれを後押しする支援を行った（Moore, R.S, 1968, p.1-2; Neal, D.C, 1988, p.2）。こうした課題は各大学に共通するものであり、戦略的な解決策として大学コンソーシアムが選ばれた。

（2）　我が国の歴史的経緯

　我が国の大学コンソーシアムの取組みは、戦後の高等教育の拡張が曲がり角を迎えた 1990 年代に端を発する。その嚆矢は 1994 年に設置された「京都・大学センター」（現在の「公益財団法人　大学コンソーシアム京都」）である（中元, 2011）。以後、全国各地で大学コンソーシアムの設置の動きが進み、2004 年には全国の約 30 のコンソーシアム機関を構成機関として、情報交流・研究交流を目的とする「全国大学コンソーシアム協議会」が設置された（中元, 岩崎, 2008）。2014 年度時点の同協議会は、加盟コンソーシアム機関数が 45 機関、加盟校の延べ数が大学で 558 校、短大で 131 校、加盟校の学生延べ数が

約196万人となっている[1]。

　政府の政策誘導・支援の動きは2000年代後半に強まり、2008年には「大学教育充実のための戦略的大学連携支援プログラム」と連携自体を銘打った補助金事業の提供にまで至った（中元，2011）。同プログラムそのものは数年で終了したが、複数の大学が参画しうる補助金事業は継続して実施されている[2]。

（3）米国および我が国の歴史的経緯からの示唆

　日米いずれにおいても、高等教育の変動（米国は拡張、日本は縮小のトレンド）が一つの契機となっている。何かしらの環境の変化に対応するため、各大学が共同で取りうる戦略的な方策として大学コンソーシアムは生まれたと言える。また政策誘導・支援は、日米いずれも発足の端緒から存在したわけではない。ある程度、大学コンソーシアムというものが認知されて以降、初めて政府の支援が見られる。さらに、その支援は期間が限定されており、永続的ではない。したがって大学コンソーシアムが折々でそうした政策支援を利用することはあっても、根本的には大学コンソーシアム・加盟校自身が財政面も含め、主体的な経営に取り組まなければならない。

6.2.2　日本の地域型大学コンソーシアムの特徴

　大学コンソーシアムを特定の地域（市～都道府県規模）とのつながりを持つもの（地域型）と持たないもの（特定目的型）の2つに分けることができる。前者は教職員・学生の行き来もしやすいこともあり、6.1（3）で挙げた様々な取組みがなされていることが多い。一方、後者の多くは、研究開発、人材交流など特定の目的に特化したものが多く、必ずしも多くの大学に敷衍できるものではない。ここでは地域型に限ってその特徴を見ることとしたい。表6-1に、地域型の大学コンソーシアムの概況を整理した。

　各地域の大学コンソーシアムの事業は様々であることが、表6-1の「11.主な事業の取り組み状況」から見て取れる。例えば、単位互換は既に開講されている授業科目を利用しうることから比較的リスクもコストも低い。そのため、多くの大学コンソーシアムで実施されているが、必ずしも全ての大学コンソーシアムが実施しているわけではない。一方、インターンシップは、大学間

表 6-1　全国大学コンソーシアム協議会加盟の大学コンソーシアムの概況

項　目	概　略	備　考
1. 法人格の有無	29.5%（13/44 機関）が法人格有り。	
2. 設置からの年数	平均は 10 年 9 ヶ月強（中央値は 10 年 6 ヶ月強）	2015 年 5 月を基点とし、設立年月日から算出
3. 加盟校数とその平均	加盟校の延べ数は 749 校であり、私立大学が 450 校（60.1%）と圧倒的多数を占めている。一機関あたりの平均加盟校数は約 17 校。	2007 年度の加盟校は 713 校であり、それに比べて微増した [5]。
4. 学生数	大学・短期大学で少なくとも約 195 万人以上、大学以外の学校で 3 万人以上に達する（学生数が記載されている機関の学生数のみ延べ数でカウント）	2007 年度の学生数は 195 万人であり、それに比べてほぼ横ばいである [6]。
5. 事務局の設置場所	事務局の設置場所を回答している 37 機関中 31 機関が常設。	常設 31 機関のうち、一加盟団体内に設置している機関は 16 機関
6. 事務局の職員数	1 名〜数十名まで幅があり、中央値は 4 名、平均値は約 4.4 名 [7]	
7. 事務局職員の配置上内訳	大半が有期契約の専従職員か設置団体職員の兼任であり、契機の定めの無い専従職員を抱えている機関は 4 機関に過ぎない。	
8. 行政の参画	86.3%（38/44 機関）で参画有り。	2007 年度の参画は行政 75.0%（30/40 機関）、企業等 40.0%（16/40 機関）、NPO10.0%（4/40 機関）であり、いずれも割合が上昇している [8]。
9. 企業・産業界の参画	50.0%（22/44 機関）で参画有り。	
10. NPO の参画	18.2%（8/44 機関）で参画有り。	

	事業名	割合（機関数）	
11. 主な事業の取り組み状況	インターンシップ事業	25.0%（11）	・機関数は事業別での該当する機関数 ・長期的な傾向として、事業数は徐々に増加している（本文参照）。 ・本項目では「その他の事業」欄に記載のあった事業は割愛している。
	単位互換事業	81.8%（36）	
	図書館連携事業	29.5%（13）	
	産官学地域連携事業	52.3%（23）	
	高大連携事業	45.5%（20）	
	共同研究事業	20.5%（9）	
	生涯学習事業	59.1%（26）	
	留学生教育・交流事業	31.8%（14）	
	学生交流事業	65.9%（29）	
12. 各機関の収入状況	回答のあった 30 機関の平均は約 4,060 万円。1 億円以上の 3 機関を外した 27 機関の平均は約 1,920 万円。		

	課題項目	割合（機関数）	
13. 主な現在の重点課題	人員の充実	45.2%（14/31）	・重点課題に回答のあった 31 機関について集計した。 ・本項目では「その他」欄の回答は割愛している。
	財政の安定	64.5%（20/31）	
	関係機関とのネットワーク確立	29.0%（9/31）	
	地域における認知	45.2%（14/31）	
	加盟団体との協力体制の構築	51.6%（16/31）	
	常設事務局の確保	9.7%（3/31）	
	新規事業開発	22.6%（7/31）	

（『第 11 回全国大学コンソーシアム研究交流フォーラム報告集』（2015）を基に筆者が作成した）

のみならず受入企業・自治体との調整、学生のリスク管理が求められることに鑑みると比較的リスクもコストも高く、実施している大学コンソーシアムも限られる。つまり、どこでも同じような事業が行われているということはなく、各大学は自大学や他大学の状況、地域的な状況に鑑み、主体的・戦略的に大学コンソーシアムとして実施する事業を選択していると言えよう。とはいえ過去10年間の全体的な状況を見ると、事業数は増加する傾向にある。全国大学コンソーシアム協議会の報告集にデータが記載されている加盟コンソーシアムは44機関で、その平均事業数は2013年実績で約4.8事業である[3]。その44機関のうち2005年の時点で加盟している機関（24機関）の平均事業数は約3.8事業であり[4]、10年間で約1事業増えている。

6.3　各大学の立場からの大学間提携の戦略的活用（大学コンソーシアムを中心に）

　各大学は、どのような考えを持ち、その加盟している大学コンソーシアムを戦略的に活用しているのか。大学コンソーシアムの加盟校の大半は中～小規模の私立大学・短大であることに鑑み、2事例を紹介し、各大学が大学コンソーシアムを戦略的に活用していく示唆を得る[9]。

6.3.1　京都光華女子大学・京都光華女子大学短期大学部（京都府京都市）
（1）　大学・短期大学の概況
　「公益財団法人 大学コンソーシアム京都」に加盟し、京都市に所在する京都光華女子大学・京都光華女子大学短期大学部（以下「京都光華女子」と略す）は仏教系（真宗大谷派）の女子大学・短期大学であり、法人として他に幼・小・中・高を設置している。大学は3学部、大学院は2研究科、短期大学部は1学科を擁し、学生数は約2,000名弱の規模である。
（2）　自校の重点方針・戦略を前提とした参画の重み付け
　大学コンソーシアム京都は多様な事業を行っており、各加盟校がその事業すべてに深く関わることは難しい（例えば、芸術系大学・学部向けの事業に芸術

系を持たない加盟校が参画する意味がない）。そのため加盟校は、各事業が自大学にとって、どのような意味を持つのかを認識・判断する必要がある。京都光華女子では、自校の重点方針・戦略を背景として「活用できるところは活用し、本学から提供できるところは提供する」というスタンスにより、事業ごとに参画の重み付けがなされている。積極的に活用している事業としては、高大連携や地域連携が挙げられる。高大連携では、コンソーシアムを通じた取組みの期間が経過した後も継続して高校との連携を図られていた。また地域連携の「学まちコラボ事業」（大学コンソーシアム京都と京都市が協働で進める地域づくり・課題解決事業）への参画は、京都光華女子の目標と合致するものとして認識されている[10]。

（3）　参画の背景にある法人としての意思決定

　一般的に、加盟校の大学コンソーシアムへの参画は、事業サービスの利用という面ばかりでなく、事業の運営に関与するという面もある。そうした事業の運営は各大学の教員・職員が派遣され委員として参画することが多い。京都光華女子では、そうした派遣・参画の際には、常に学長の意思を確認した上で、当該の教員・職員に委嘱が行われるという流れになっている。さらに同校は、法人としてのガバナンスの強化を以前より進めており、理事長と学長は教学運営について積極的に意見交換を図り、理事会の中での意見・指示に基づいて、学長が教学運営を行っていくスタイルが確立していた。そうした法人としての意思決定を背景として決定・実施される教学事項は様々であるが、大学コンソーシアムへの関わり方もそれに含まれる。

（4）　媒体としての大学コンソーシアム

　一般的に、大学コンソーシアムの事業は加盟校のニーズに基づくが、そうした事業の発案・開発への関わり方は各校で異なる。各校の関心は様々でありうるし、その規模も影響しうる[11]。京都光華女子のスタンスは「ある一定程度柔軟な対応で、自校のニーズにあった取り組みがあれば積極的に参画する」というものである。自らが必ずしも積極的にリードし、提案するわけではないが、大学コンソーシアム（および、それに参画している大学・自治体等）が存在し様々な事業が生じるがゆえに、そこに自校が参画しうる事業もまた生まれると

認識している。このように、大学コンソーシアムの存在そのものが事業を生み出す媒体として認識されることは、大学コンソーシアムという提携の形と他の提携の形の差異をもたらし、各大学からすれば使い分けをもたらしている [12]。

6.3.2 羽衣国際大学（大阪府堺市）

（1）大学の概況

「特定非営利活動法人 南大阪地域大学コンソーシアム」に加盟している羽衣国際大学（以下「国際大」と略す）は高等女学校に端を発し、1964 年に短大を開設、2002 年に四年制となった大学であり、法人として他に中・高の諸学校を設置している。大学は 2 学部を擁し、学生数は 1,000 名弱の規模である。

（2）参画における大学としての意思決定と情報共有

一般的に、大学コンソーシアムの事業運営は、加盟校の教員・職員が事業委員会の委員として参画する形で行われる。国際大での参画も、大学全体としての意思決定に基づいて行われている。大学内の重要事項を検討・審議する会議体（「企画運営本部会議」）において、自校にとって関係の深い事業・委員会に誰を出すかという議論が毎年行われ、それに基づいて派遣されている。そうした委員は当該事業と関連した学内の委員会や会議の中で、参画で得た情報を適宜共有している。また、国際大を設置する法人のガバナンスは、理事会が非常に強い経営方針を持って臨むというスタイルではなく、設置校それぞれが方針を持ち主導していくというスタイルが取られている。大学コンソーシアムに関することも、理事会に報告等を行うことがあるが、逐一指示を仰いではいない。よって大学部門の責任者である学長が教学全般をリードしている。前述の委員派遣も学長の責任の下、教授会で意見を聴取し、審議・派遣するという流れを取っており、学内の責任体制に則ったものとして参画が行われている。

（3）大学コンソーシアム加盟校学長の自由闊達な意見交換の場の存在

一般的に、大学コンソーシアムの最高意思決定機関（理事会）は加盟校の学長で構成される。多忙な学長同士の集まりであるため開催の回数も限られ（年 1 〜 2 回程度）、ややもすると事前に調整された議案を承認する場となり、学長個人の考え・意見が交わされることが難しいこともある。そうした傾向が強

まるとすれば、コンソーシアムのアクティビティが失われることにつながりかねない（いわゆる「重い組織」となってしまう）。それを避けるため、南大阪地域大学コンソーシアムでは、公式な理事会とは別に自由闊達な意見交換を行う学長会を設けられている。学長会は、各学長がそれぞれコンソーシアムに対する自大学の要望や考えを自由に議論が行われる場となっている[13]。こうした忌憚のない意見交換の機会が各加盟校の要望を伝えたり、事業へのフィードバックの場として働いている。

（4）シナジー（相乗効果）の重視

6.1 で述べた 4 つのメリットのどれを重視するかは、事業ごとに、あるいは加盟校ごとに異なる。国際大では、その大学コンソーシアム事業との関わりにおいて、シナジーによるメリットを重視している。例えば、合宿研修を含む単位互換科目では、担当教員が他大学の学生と密に接し議論することで、自大学だけの科目では得られないハイ・インパクトな教育効果が得られる。職員の共同 SD プログラムでは、「目の前の仕事を一回離れる」「他大学の職員と長期的に交流・意見交換を行う」ことが、自大学内の研修と異なり職務に関する新しい視野の涵養にもつながるものとして評価されている[14]。中小規模の大学が様々なタイプの SD をすべて学内で制度化・実施することは困難であり、また一般的な外部の研修プログラムの多くは短期・一回限りであることに鑑みると、こうした大学コンソーシアムが実施する SD プログラムは独自の有用性を持っている。

6.3.3　大学間提携の戦略的活用のための事例からの示唆

各大学が大学間提携を戦略的に活用する方策について、前述の 2 事例より次の点が示唆される。

大学間提携の戦略的活用のための事例からの示唆
① 自校の戦略・方針に基づいた公式な意思決定の上での参画
② 自校にとっての大学コンソーシアム事業のメリットの明確化
③ 事業の創出への期待・関与

①は、組織として取り組むことの重要性が示唆される。両校のガバナンス体制は異なるが、参画（委員派遣）に係る判断は、両校とも学長のリーダーシップに基づく、大学としての公式な意思決定のプロセスに沿ったものであった。委員がコンソーシアムの活動で得た知見を学内にフィードバック（情報共有）しうるのも、組織としての公式な取組みになっているからである。大学コンソーシアムへの関わりが、公募事業への応募や一本釣りでの参加などの個人的な参加から始まることもある。そうした個人参加が端緒であっても、どこかのタイミングで公式化し、組織の取組みの中に位置づけていくことが重要である。

②は、自校にとっての有益性を大学コンソーシアムの事業に見い出し、明確にしていくことの重要性が示唆される。2事例では、両校が主眼とする事業は異なっていた（京都光華女子では高大連携と地域連携、国際大では教育事業［単位互換］と職員の SD が主眼）。しかし、いずれもそうした事業を自校単独では創出できない（し難い）メリットを創出するものとして捉えていた。大学コンソーシアムの事業は加盟校のニーズに沿って開発され、さらに発展・維持・廃止のプロセス（サイクル）をたどるが、個々の加盟校が各事業に見いだすメリットを明確にしていくことは、このプロセスの活性化にも寄与しうる。

③は、大学コンソーシアムの事業（数・内容）を固定的なものと認識するのではなく、それらを、あるいは大学コンソーシアムそのものを、変化するものとして期待し、関与していくことの重要性が示唆される。2事例の両校が加盟する大学コンソーシアムは異なるが、両大学のコンソーシアムとも、その事業数は全国の大学コンソーシアムの平均事業数を大きく上回っており、活発な事業展開を繰り広げている。

ただし2事例では、それぞれ大学コンソーシアムの捉え方が異なっていた。京都光華女子では、大学コンソーシアムの存在自体が事業を生み出す媒体として捉えられていた。「（様々な事業が生まれる）潜在的なポテンシャルを保った状態」として大学コンソーシアムが捉えられており、いったん自校が関わりうる事業が生まれれば、それに関与していくのである。一方、国際大では大学コンソーシアム内の学長同士の自由闊達な意見交換の機会が要望やフィードバッ

クの場として捉えられていた。大学コンソーシアムの潜在的なポテンシャルを活かすために、それを揺り動かすという動きを見せており、学長会はその仕掛けであるといえる。つまり、大学コンソーシアムやその事業を固定化したものとみなさないこと、大学のアプローチで変わりうるものとみなすことが大事なのである。「今ある事業・活動」を見て「それしかできない」と思い込んでしまえば変化は生まれない。「今ある事業・活動」を見て、「他のことができないか・生まれるのではないか」と考えてみることが変化の第一歩である。こうした認識のあり方自体は、戦略そのものではないけれども、戦略に先立って必要なものである。

　大学コンソーシアムが各地に設置されてある程度の年数が経ち、現在は各地域における安定的な存在になりつつある。しかし、「安定した運営を行うこと」と「固定して変化しないこと」は決して同値ではない。大学コンソーシアムを変化し続けるものと捉えること、加盟校の要望を柔軟に吸収する場作りや対話の機会を創出することを関係者に期待したい。そうした認識に立ち、働きかけることが大学コンソーシアムを動的な存在となすのであり、また大学コンソーシアムがそうした動的な存在であるからこそ、加盟校それぞれの戦略とのつながりがもたらされるのである。

注

1)　全国大学コンソーシアム協議会『第11回全国大学コンソーシアム研究交流フォーラム報告集』2015年．記載のデータを筆者が集計した。

2)　例えば「地（知）の拠点大学による地方創生推進事業」など。

3)　全国大学コンソーシアム協議会（2015），前掲書．では、加盟コンソーシアム45機関のうち44機関の情報が掲載されており、筆者がそれを集計した。

4)　全国大学コンソーシアム協議会『第2回全国大学コンソーシアム研究交流フォーラム発表要旨収録』2005年．において初めて加盟機関（当時31機関）の情報が記載された。そのうち第11回報告集発行の時点まで継続的に加盟している24機関(前身団体含む)のみ集計した。

5)　全国大学コンソーシアム協議会『第4回全国大学コンソーシアム研究交流フォーラム報告集』p.262, 2007年．の「プロフィール集計」に基づく。

6)　全国大学コンソーシアム協議会，同書，p.262.の「プロフィール集計」に基づく。

7)　回答の記載されていた機関のうち、誤記と思われる回答1機関、外れ値となる2機関（20

名を超える）を除いて算出した。

8)　全国大学コンソーシアム協議会（2007），前掲書．記載の個々の機関の情報より筆者が集
　　計した。

9)　2事例とも筆者の2015年8月の取材に基づく。取材に協力いただいた関係者の方々には誌
　　面を借りてお礼申し上げる。

10)　取材の際の「地域貢献は本学の経営目標にも入っているので、そういったことは取り組
　　みやすい」という話からも、経営目標とのつながりが感じとれる。

11)　大規模な総合大学は自校の利益とつながる事業領域を広く定義しうるが、中〜小規模の
　　大学が同じように関わることは経営体力的にも困難である。

12)　取材では、大学コンソーシアムとは別個の他大学との連絡会も話題に上った。そうした
　　連絡会では担当者レベルで「何か共同の事業を」という話も出ることはあるが、これまでの
　　ところ、それが具体的な事業に結実したことは無いとのことであった。

13)　学長会では「こういうことができないか」「この事業はもう難しいのではないか」という
　　議論がざっくばらんに行われているとのことであった。

14)　遠方の東北地方や中部地方など遠方の大学の先進事例を視察するプログラムもある。

参考文献

金子元久「大学間連携 ― 市場化と競争のなかで ―」『IDE　現代の高等教育（特集テーマ：大
　　学間連携の時代）』No.455、IDE、2003年。

喜多村和之編『学校淘汰の研究 ― 大学「不死」幻想の終焉』東信堂、1989年。

全国大学コンソーシアム協議会『第2回全国大学コンソーシアム研究交流フォーラム発表要旨
　　収録』全国大学コンソーシアム協議会事務局、2005年。

全国大学コンソーシアム協議会『第4回全国大学コンソーシアム研究交流フォーラム報告集』
　　全国大学コンソーシアム協議会事務局、2007年。

全国大学コンソーシアム協議会『第10回全国大学コンソーシアム研究交流フォーラム報告集』
　　全国大学コンソーシアム協議会事務局、2013年。

全国大学コンソーシアム協議会『第11回全国大学コンソーシアム研究交流フォーラム報告集』
　　全国大学コンソーシアム協議会事務局、2015年。

中元崇、岩崎保道「大学コンソーシアムにおける地方自治体の役割と機能」『大学行政管理学会
　　誌』第12号、大学行政管理学会、2008年．

中元崇「大学連携 ― 大学コンソーシアムを中心として ―」岩崎保道編『大学政策論』大学教
　　育出版、pp.109-131、2011年。

中元崇「大学コンソーシアムの取り組みの特徴について」『2014年度大学行政管理学会第18回
　　定期総会・研究集会資料集』大学行政管理学会、2014年。

羽田貴史「縮減期の高等教育政策：大学統合・再編に関する一考察」『北海道大学大学院教育学

研究科紀要』第 85 号、北海道大学、2002 年。

羽田貴史「大学団体の可能性と課題」『IDE 現代の高等教育』No.538、IDE、2012 年。

龍慶昭、佐々木亮『大学の戦略的マネジメント ― 経営戦略の導入とアメリカの大学の事例』多賀出版、2005 年。

Bailey, Darlyne. · Koney, Kelly. McNally., *Strategic Alliances Among Health and Human Services Organizations,* Sage Publications, Inc, 2000

Baus, Frederick. & Ramsbottom, Claire.A. "Starting and Sustaining a Consortium". Dotolo, Lawrence.G., Strandness & Jean.T. (eds.), *New Directions for Higher Education (Best Practices In Higher Education Consortia How Institutions Can Work Together),* Jossey-Bass Publishers., pp.3-18, 1999

Moore, Raymond. S., *Consortiums in American Higher Education 1965-66. Report of an Exploratory Study.,* Office of Education (DHEW)., 1968

Neal, Donn.C. (ed.), *Consortia and Interinstitutional Cooperation.* Macmillan Publishing Company., 1988

Patterson, Lewis.D., *Consortia in American Higher Education.,* George Washington Univ., 1970

第 7 章

大学における地域連携の戦略的展開

7.1　大学における地域連携の現況

　地域との関係における今日的な大学経営を考えるにあたって、大学を取り巻く社会構造の変化や大学を含む社会アクターの役割などの外部環境の変化が大学の経営環境に大きな影響を与え、大学の地域との連携のあり方に変化を及ぼしている。ここでは3つの潮流、①「新しい公共」概念の広がり、②「大学の社会貢献責任（USR）」の潮流、③地方創生の潮流が大学の地域における役割に変化をもたらしていることを整理しつつ、地域における大学の今日的な位置づけを概観する。

7.1.1　大学の地域社会との関係変化の3つの潮流

① 「新しい公共」概念の広がり

　「新しい公共」概念の広がりについては、日本社会における公共領域のあり方に関する認識の変化が関わっている。我が国の人口減少、高齢化による社会保障費の増大、バブル経済の崩壊など日本経済の低迷によって国や地方の財政は緊迫化し非効率な行政運営の改革が喫緊の課題となっていた。そこで登場したのが「小さな政府論」であり、市場原理を導入して規制緩和、民営化による行財政運営の効率化を図ろうとした。一方、1995年1月17日に発生した阪神・淡路大震災は、市民の公共性への意識や行動変革の契機となり、多数のボランティアが発災直後から活躍し、半年間の累計では約124

万人ものボランティアが活動した。2010 年、民主党・鳩山政権は「新しい公共」というスローガンを掲げ、政府、民間企業や NPO、住民など地域を構成する主体がパートナーとして協働し、共に社会課題の解決を図る「新しい公共」の概念が広がっていった。このように、社会構造を公私の二元論から、公共領域の中での官と民の役割の意味を問い直す動きが現れてきた。

② 「大学の社会貢献責任（USR）」の潮流

2003 年は日本企業にとって CSR 元年とも呼ばれ、「企業はだれのものか？」、企業と社会との関係を問い直し、株主、顧客、従業員、取引先、地域社会等への社会的責任（CSR: Corporate Social Responsibility）を果たすことが企業経営全般に求められるという考え方が日本企業にも広がった（谷本，2004）。こうした動きは大学においても広がり、「大学の社会的責任（USR: University Social Responsibility）」を実践する動きも現れた。私立大学社会的責任（USR）研究会によれば、USR は「大学が教育、研究等を通じて建学の精神等を実現していくために、社会（ステークホルダー）の要請や課題等に柔軟に応え、その結果を社会に説明・還元できる経営組織を構築し、教職員がその諸活動において適正な大学運営を行なうことをいう」と定義している[1]。この中で、地域社会も大学の重要なステークホルダーとして位置づけられており、大学による地域社会への一層の貢献が求められている。具体的には、公開講座の開講、大学施設の利活用、地域ボランティアの活動など大学の強みを活かした活動を展開し地域社会に利する取組みを積極的に行うべきとされた。また、地域貢献活動の目標管理、評価の定量化などの“戦略的社会貢献”、地域課題の解決のために関係する主体が共に協働するマルチ・ステークホルダー・アプローチが注目された。

③ 地方創生の潮流

我が国の今後 40 年間の人口減少、少子高齢化に関し、国立社会保障・人口問題研究所は、2060 年に現在の 1,273 億人から 8,700 万人まで減少すると推計した。人口減少による国力低下を阻止するため、国は首相直下の「まち・ひと・しごと創生本部」を設置し、人口 1 億人を維持する国家戦略を打ち出した。それに呼応して各自治体では、産官学金労言[2]の連携のもと、

地域特有の課題を踏まえつつ、人口減少に歯止めをかけるための自治体レベルでの将来人口ビジョンと独自戦略の策定が求められた。地方から都市への人口移動は、若者層の進学、就職を契機に都市への流入が大きな要因を占める。特に地方大学は若者層の都市への集中、人口移動の流れに歯止めをかけて地方への若者の定着・雇用創出への貢献が一層求められるようになった。

7.1.2　地域社会との関係における大学の位置づけ

大学は国民の教育水準の向上や研究の質や量を増加させるという社会的使命にとどまらず、特定の社会課題の解決主体としてのニーズや期待が高まっている。さらに大学が立地する、その地域開発の対してどのような貢献ができるかが問われている（OECD, 2005）。

これまでも大学は、その本来の使命である教育と研究を通じて、あるいは、その存在自身が地域における直接的・間接的な経済的・社会的影響を広範に及ぼしてきたといえる（例えば、学生の地元就職、雇用の受け皿、教員や職員、学生の地元消費、地元企業への研究支援や技術移転など地域経済の活性化等）。

一方、地域住民への生涯学習の提供、公開講座や図書館、博物館や美術館などの地域への開放や、地元の祭り、イベントへの学生のボランティア参加など、知識、技能、ヒト、施設など大学の有する資源を活用して地域活性化にも一定の役割を果たしてきた。これらの活動は、大学の「第3の機能」として社会貢献の活動範囲は年々拡大している（OECD, 2005, 小林, 2008）。近年、「地域連携」が頻繁に叫ばれるようになり、大学は学域連携の推進や生涯学習を通じた地域への知の還元に留まらない新たな局面を迎えている。地域特有のニーズに応えるために、大学はこれまでの伝統的な社会的使命を改めて見直し、地域の核となる大学となる改革の姿勢やリーダーシップ、全学的かつ組織的な取組み、そして新たな経営形態と展開アプローチが必要となる。

近年ますます複雑化する課題に対し、大学への今日的な期待は単なる雇用主や消費主体ではなく（宮田, 2009）、一方向的な貢献（スタンドアローン）から地域コミュニティと共に課題を共有し解決するパートナーとしての役割に期待が高まってきている。さらに今後は、より能動的に"戦略的"な地域連携が

求められる。大学の資源を活用し、より具体的な課題解決に向けた実践の方向へと向かいうる、地域のきめ細かい課題やニーズを大学教員や学生が自ら地域に入り発掘し（アウトリーチ）、地方公共団体、地元企業、NPO、金融機関、地元メディア、住民等と対話、対等なパートナーシップの下、教育、研究、社会貢献を包括的に捉えた協働スタイルが重要な方向性となるであろう。

7.1.3　大学と地域との連携状況

　文部科学省「開かれた大学づくりに関する調査」によると、大学の地域貢献の取り組みの実施有無について、その内容を 2011 年度から 2013 年度の調査と比較したところ、いずれの項目も上昇している。特に「学生の地域貢献活動の推進」の 2011 年度と 2013 年度を比較すると、約 10 ポイントも上昇している。また、「公開講座の実施」は 2013 年度においては 95.8%の大学で実施されており、2011 年度から比較すると 2.7 ポイント上昇している。「教員の外部講師、助言者、各種委員への派遣」は、2013 年度においては 89.7%の大学で実施され、2011 年度と比較して 6.7 ポイント上昇している。

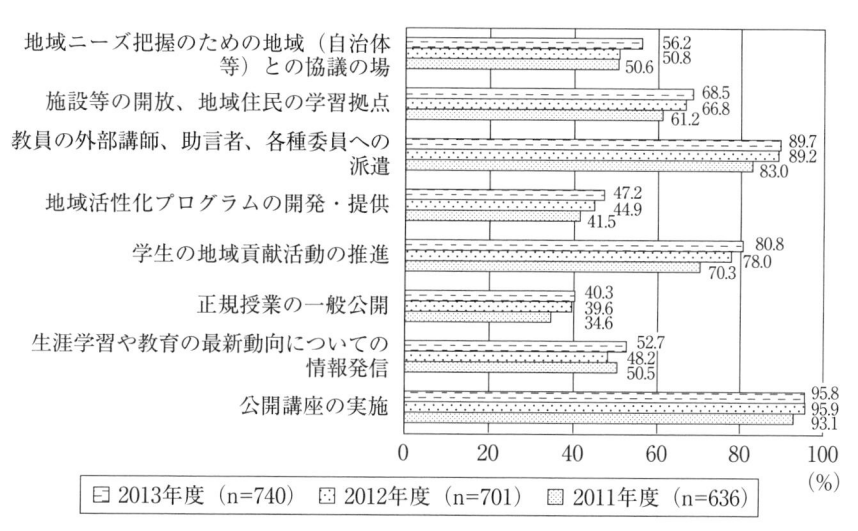

図 7-1　地域社会に対する大学の貢献の取組み内容（複数回答）
（文部科学省「開かれた大学づくりに関する調査」(2012、2013、2014) より作成）

7.2 大学の地域連携を推進する政策動向

7.2.1 文部科学省「地（知）の拠点整備事業（COC 事業）」

2004 年度から実施された「地（知）の拠点整備事業」（COC：Center of Community 事業、以下、「COC 事業」という）は、全学的に地域を志向した教育・研究・社会貢献を進める大学を、学長のリーダーシップの下、大学のガバナンス改革と強みを活かした大学の機能別分化をあわせて実施し、地域再生・活性化の核となる大学の形成を支援する政策である。そこでは、地域の課題（ニーズ）と大学の資源（シーズ）のマッチングにより、地域と大学が必要と考える取組みを "全学的に" 実施し、地域の声を受け止めるための学内体制を整備するともに、大学と自治体が連携・協力し、実質的な取組みを実施するものである。

2015 年現在、全大学の 68％が申請し、2013 年度には 51 件（56 大学）、2014 年度には 24 件（25 大学）が採択された。目指すべき新しい大学像として、学生が地域の課題等について理解を深め、解決に向けた主体的な行動ができる人材を育成するとともに、地域における知的基盤としての役割を果たす大学に一層変革していくことが期待されている。

7.2.2 総務省「域学連携」地域づくり事業

2012 年度から総務省は、過疎化や高齢化をはじめとする様々な地域課題に対して若者が住民や NPO 等とともに地域の課題解決や地域おこし活動を実施し、都会の若者に地域への理解を促し、地域で活躍する人材として育成することにつながるとともに、地域に気づきを促し、人材育成に資する活動を支援する事業を実施した。本事業では、地方公共団体が大学等と連携して行う地域活性化の取組みに対する支援を目的として、2010 年度から活動に要した経費のうち地方公共団体負担分に対して特別交付税措置がなされ、127 団体に措置された（次頁参照）。

「域学連携」地域づくり事業：特別交付税の対象となった主な事例
（総務省ウェブサイト「域学連携による地域活力の創出」より作成）

地域おこし・地域活性化関係
・地域資源の掘り起こしと活用に関する調査研究
・地域の食材を活かした料理レシピ集の開発
・学生による農作業体験を通したゼミの研究テーマの探求
・地域ブランド、特産品の共同開発
・観光資源のブランド化を目的とした地域資源マップの作成
・空き店舗を活用したギャラリーカフェでの住民との交流、市街地活性化の検討

健康・福祉関係
・高齢者施設での介護ボランティア、小中学校の行事のサポート、地域行事の
　ボランティアの実施
・介護、社会福祉を学ぶ学生による高齢者とふれあい交流体験の実施

教育・文化・スポーツ関係
・町内中学校を対象とした環境学習等のサポート授業の実施
・キッズ・アントレプレナーシップ教育（大学と市が連携した子ども起業塾の実施）

ICT 関係・その他
・無線 LAN ネットワークの有効活用（情報ネットワーク研究および地域の情報
　発信による活性化策に関する研究）
・インターンシップ事業としての学生受入（地域活動の体験、課題・問題等の
　洗い出しの実施

　2012 年度から総務省は都市農山漁村交流、被災地等の地域課題の具体的内容を調査し、解決の方向性を探る事業（「域学連携」地域づくり実証研究事業）を実施した。本事業では、研究者一個人の取組みを超えて、正式な単位取得に結びつくカリキュラムを構築し、大学の現行の教育研究体制の中で、実践的な地域再生・活性化プログラムを取り入れることが主眼とされた。こうした取組みにより、地域（地方自治体）及び大学（大学生・教員）による教育効果、地域課題解決の連携推進などの相乗効果が期待される。

7.2.3 文部科学省「地（知）の拠点大学による地方創生推進事業（COC＋事業）」

　文部科学省および総務省は、人口移動、地方から都市への移動による若者層人口の都市一極集中化の課題に対し、これまでの COC 事業をさらに地方創生に向けた大学による課題解決への役割をより具体化させる「COC から COC＋（プラス）へ」と改組し、2015 年度に新たに「地（知）の拠点大学による地方創生推進事業（COC＋（プラス）事業）」を打ち出した。大学は自治体や企業と連携して、学生の地域における雇用を創出するとともに、地域が求める人材を養成するために必要な教育カリキュラムの改革を断行する大学改革の取組みを支援することで、地方創生の中心となる「ひと」の地方への集積を目的としている。2015 度においては、40 件が採択され、COC＋事業に参加する大学は185 大学（国立 44 大学、公立 39 大学、私立 102 大学）にもなり、地方への人口移動・定着、地方産業や活性化を担う人材育成という具体的な社会課題に対して大学による積極的な実践と成果が期待されている。

7.3　大学における地域連携の戦略的展開のフレームワーク：市民的参画（Civic Engagement）とキャンパス・コミュニティ・パートナーシップ

　大学が地域コミュニティの一員として参画し貢献する一つの論拠となっている基本的概念として Jacoby（2009）は、「市民的参画（Civic Engagement）」があるとしている。それは、一般的に定まった概念はないとしつつ、「他のコミュニティへの高い責任感を持って行動すること」と定義している。Engagement の含意は多義的であるが、関与（involvement）や参画（participation）という要素に加えて、さらに市民としての地域への責任を果たそうとする意思がこめられている。市民的参画には、次の点が含まれる。

> **市民的参画の要素**
>
> (Jacoby, 2009)
>
> 1. 社会課題の視点を発展させるために、他者、自分および環境から学ぶこと
> 2. 多様性に関する価値観の向上、相違をつなげること
> 3. 様々な議論が分かれる事項の中を通じて振る舞い行動すること
> 4. 政治プロセスにおいて積極的な役割を担うこと
> 5. 公共領域への積極的な参加による問題解決や地域活動に参加すること
> 6. 組織の中でのリーダーシップやメンバーシップを発揮すること
> 7. 共感、倫理観、価値観、社会的責任の完成を発展させること
> 8. グローバル、ローカルにおける社会的正義を促進すること

　図 7-2 のとおり、大学における市民的参画は、教育、研究、社会貢献の領域に地域コミュニティが重なる領域として捉えられる。例えば、サービスラーニングは教育と社会貢献および地域コミュニティとの複合領域として地域活動への参加を通じた学生への教育効果と地域に対する裨益の両立が図られる。また、コミュニティでの参加型リサーチ（研究・社会貢献、地域コミュニティの複合領域）、ソーシャルワークなどの専門性を生かした社会貢献活動（社会貢献と地域コミュニティの複合領域）が整理される。

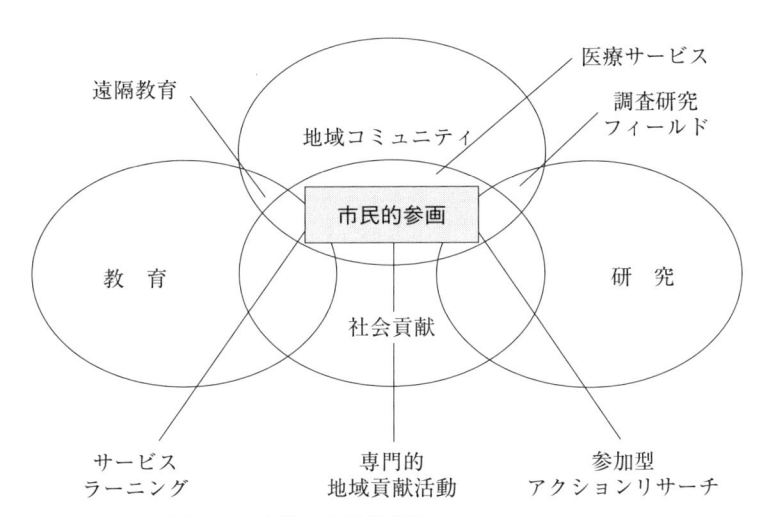

図 7-2　大学の市民的参画のフレームワーク
(Bringle, Malloy and Games, 1999)

　また、大学も市民の一員としての役割を地域社会に対して積極的に責任を果たすことが使命であるという観点から、その行動様式として、「独立対等な組織や個人が共通の目標を持ち協働して参画し行動する」(Harkinsほか, 2013) という「キャンパス・コミュニティ・パートナーシップ」の概念が登場した (図7-3)。この概念は、複数の異なる主体による協働の目的を達成させるために、大学を含む主体間の信頼関係の構築 (信頼)、それぞれのパートナーの強み弱みを分析し (パートナーSWOT分析)、力関係が作用するプロセスの検証、プロジェクト形成 (プロジェクト準備) の4つのゴールを設定するものである。また、この4つの要素が協働のプロセスに与える要因となる。以下では、このようなキャンパス・コミュニティ・パートナーシップを実践するための大学機構推進体制の構築事例および大学の市民的参画 (Civic Engagement) を実践する具体的事例を紹介する。

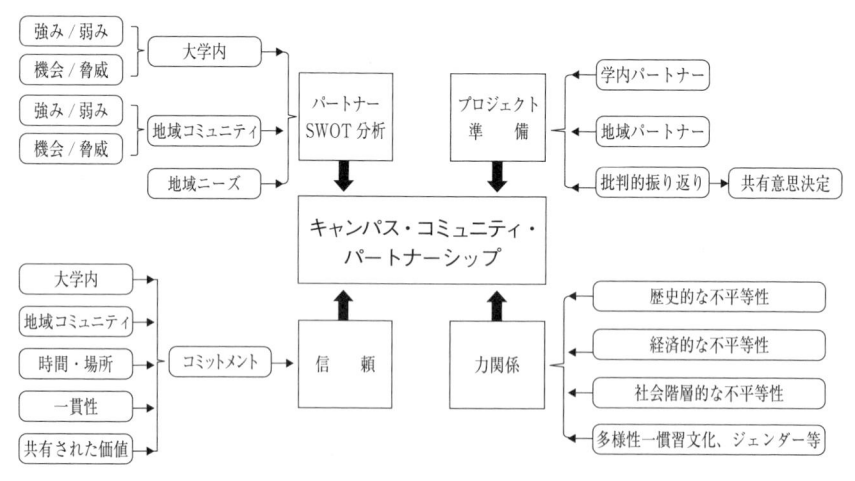

図 7-3　キャンパス・コミュニティ・パートナーシップに与える要因
(Harkins, D.A, (2013) を基に著者作成)

7.4　地域連携を推進する実践取組み事例

7.4.1　高知大学 地域コーディネーター（UBC）の取組み

　高知大学（本部 高知市）では、大学の教育、研究、社会貢献による継続的かつきめ細やかな地域貢献を行うべく、2014 年度より大学本部から離れた高知県内の 4 箇所に「地域サテライト」を設置し、当該オフィスに専任教員である「地域コーディネーター（UBC: University Block Coordinator）」（以下、「UBC」という）を常駐させた（図 7-4）[3]。UBC は、産学連携と域学連携促進の両面から地域課題の掘り起こしや課題解決のアドバイス、本部キャンパスに十分に届かず埋もれてしまいがちな特有課題について地域との対話等を通じて発掘し、地域ニーズと大学シーズをマッチングさせる仲介機能を担う。また、自治体、企業、NPO、住民等との関係を構築し、大学の資源を活かし連携しながら地域産業の振興や活性化への取組みを進めている。特に教育面では、サービスラーニング等の新たなフィールド開発と支援、研究面では新たな研究課題の発掘と研究成果の地域還元、社会貢献では、住民のニーズに沿った新たな出前講座の開発と実施、地域産業や地域活性化に求められる専門人材の育成プログラムの開発や支援等を行っている。これらの取組みを通じて、大学は農林漁業、商工業、観光交流、移住促進などの地域課題の解決パートナーとして地域課題解決の相乗効果を生み出すことを期待されている。このような地域課題を地方自治体と大学が連携し行政施策へと反映させる学内推進体制の整備・構築がされている。

　さらに、2014 年に学内に設置した「高知県地域社会連携推進本部会議」においてUBC が発掘した高知県の重要課題等をあわせて協議し、「国際・地域連携推進機構」を介して学内に周知し、地域志向教育研究経費を活用して授業化、研究を拡大させ解決を図る仕組みが構築された。

　UBC の地域サテライトへの常駐後、UBC が受けた 2014 年度の年間相談件数は 300 件を超え、大学の活動範囲は多岐にわたった。赤池（2014）は、「UBC による日常的な地域とのコミュニケーションを通じて、これまで得られなかっ

98

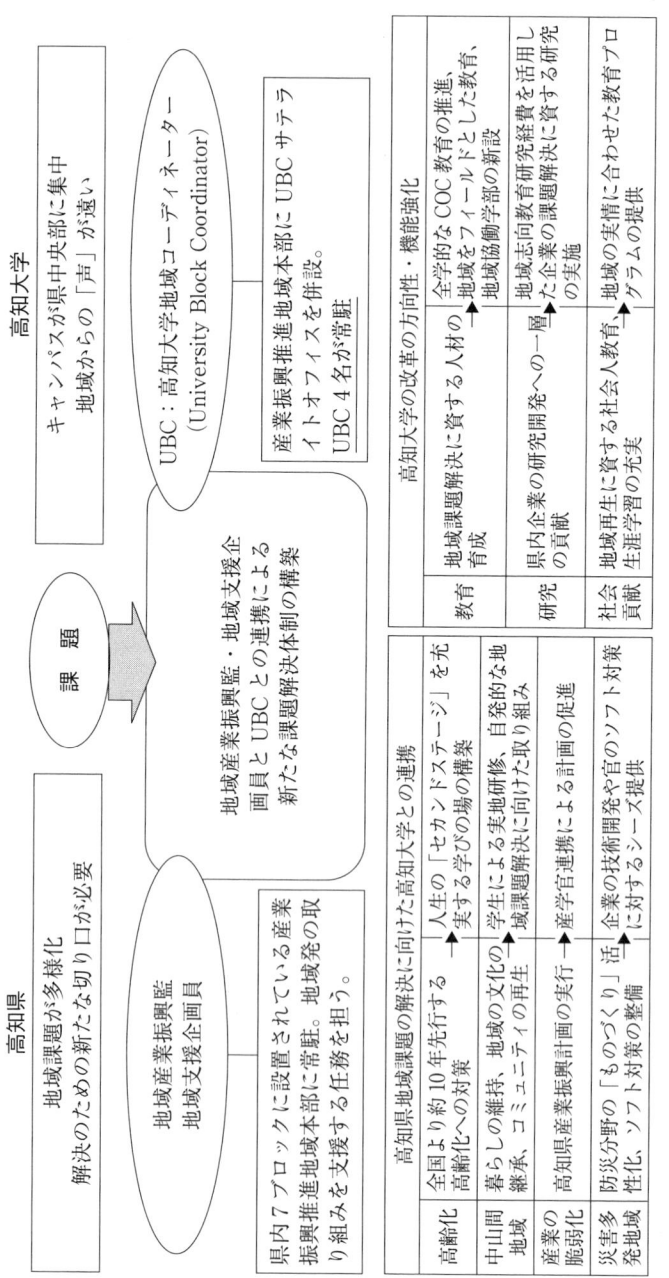

図 7-4 高知大学インサイド・コミュニティ・システム化事業 (KICS 事業)
（高知大学ウェブサイトより作成）

た情報や地域ニーズの把握が飛躍的に拡大するとともにチャネルが構築され、このことより大学と地域とが円滑に連携が図れる人的ネットワークのさらなる拡大が期待される」と指摘している。このような大学地域コーディネーターは、米国では 1990 年代初頭から配置されており、大学のアウトリーチ活動として浸透してきた。今後、UBC の有効性や評価を待たねばならないが、我が国でも配置拡大の傾向にある。このように、大学地域コーディネーターは、大学の教育、研究、社会貢献と地域コミュニティとをつなぎ、市民的参画推進の「橋渡し役」(Skolaski, 2012) として効果的な機能を果たすことが期待されている。

7.4.2　クラウドファンディングを活用した教育、研究、社会貢献のアプローチ

（1）　クラウドファンディングとは

　近年、インターネットを利用して企業や団体の事業資金を調達するクラウドファンディング（Crowdfunding）（以下、「CF」という）が注目を浴びている。CF の明確な定義はないが、一般的には群集（crowd）と資金調達（funding）を組み合わせた造語であり、「資金を必要とする個人や法人がプロジェクトの中身をインターネット上に公開することにより、寄付や投資を集める」ことをいう（佐々木, 2014）[4]。資金を求めている企業や団体がその事業内容を、プラットフォームと呼ばれるウェブサイトに掲載し、資金を提供したい人が共感し寄付や投資を行う形で事業実現を支援する仕組みである。ウェブサイトを運営する事業者はプラットフォーム事業者と呼ばれ、出資者（あるいは寄付者）と事業者の仲介支援機能を担う。なお、CF は、支援金に対し物品やサービスでリターンされる "非投資タイプ" と、金銭でリターンされる "投資タイプ" に分類され、さらに出資者に対するリターンの形態により、「非投資タイプ＝①寄付型、②購入（報酬）型」「投資タイプ＝③融資（貸付）型、④ファンド型、⑤株式（エクイティ）型」に分類できる（表 7-1）。

　世界の CF 市場[5] は急成長と遂げており、クラウドファンディング・インダストリー・レポートの調査では、2012 年には約 27 億ドル（約 3,256 億円）を超え、2013 年は約 50 億ドルに成長（約 6,000 億円）し、2014 年には約 1 兆円を超える見込みであるとされている。

表 7-1 CF の類型

（佐々木（2014）に基づき作成）

1. 類型	非投資タイプ		投資タイプ		
2. 細類型	①寄付型	②購入型	③融資型	④ファンド型	⑤株式型
3. 概要	資金提供者が資金調達者に寄付する	購入者が前払い代金を元手に製品・サービスを開発し購入者に完成した製品・サービス等を提供する等	運営業者が投資家から出資を募集し匿名組合契約に基づき集めた資金を個人・法人に貸し付ける	運営業者を介して投資家と事業者との間で匿名契約を締結し出資を行う	運営業者を介して投資家が事業者の株式に投資する
4. リターン	なし	製品・サービス	金利	事業収益	株式上昇、配当
5. リスク（リワード）	なし	なし〜中	中〜大	小〜大	大
6. 規制	−	特定商取引法	貸金業法 第二種金融業	第二種金融業	第二種金融業 新ルールでは未公開株の発行額1億円未満
7. 主な資金提供先	地域活性化、被災地支援、途上国支援等を行う個人、団体など	地域活性化、被災地支援、障害者支援、コンテンツ制作等を行う個人、事業者等	個人、不動産取得資金、飲食店、フランチャイズ、開業資金など	音楽事業、被災地支援、食品、酒造、衣料品など	株式会社向け
8. 資金調達規模	数万円〜数百万円規模が多い	数万円〜数百万円規模が多い	数十万円〜数百万円	数百万円〜数千万円	数百万円〜数億円？
9.1 人あたりの投資額	一口1円〜	一口1千円〜	一口1万円〜	一口1万円〜	投資上限額50万円

（2）地域と連携した教育・研究・社会貢献への CF の活用

　CF は、民間企業の商品・サービス開発や運転資金、NPO 等の活動資金の調達はもとより、地域連携という文脈において米国を中心に大学が戦略的に教育、研究、社会貢献の分野で活用するケースが増えてきている。

　米国のコロラド大学ボルダー校（コロラド州、ボルダー市）では、大学内に独自の購入型 CF サイト（CU-Boulder Crowdfunding）[6] を 2014 年 5 月に開設し、教育、研究、社会貢献の各分野で取り組む活動の資金調達を開始した。例えば、大学と地域の高校とが連携し、法学部の学生がアメリカ合衆国憲法や市民参加について、地元の高校生に分かりやすく教える活動に係る資金を本サイトで広く募集し、支援者 51 人から約 7,500 ドルを集めた（2014）。また、米国のメリーランド大学（メリーランド州、カレッジパーク）では 2014 年に学内に LAUNCH UMD という独自の購入型 CF サイトを開設し、大学が海洋学部の教員、学生、NASA や関心を持つ地域住民等と連携し、気候観測気球の調達資金を募集した。結果、99 人の支援者から約 10,000 ドルの調達に成功した（2015）。この観測気球を使った観測データを授業で活用するとともに調査研究結果として発表し、加えて観測結果を地域に還元している。

　以上の事例から、大学が地域と連携したなかでの CF を活用することで、学術研究や大学運営に係る公的資金以外の「第 3 の資金源」を確保する経営上の課題解決にもつながるうえ、単なる資金確保という意図を超えて、教育効果や地域コミュニティへの目に見える貢献としても大きな期待が持てると言える。

　大学が CF との連携・活用を行うメリットは次の点である。①地域の諸課題、ビジネスの種を発掘し解決策の実施や雇用創出を支援、後押しできる、②新たな資金調達手法として教員の教育研究資金の確保や地域貢献活動の推進につながる。③営利・非営利活動での学生の起業促進、地域貢献活動を創出・促進する可能性が生まれる。④学生による地域での実践活動の企画立案力、コミュニケーション力の向上など人材育成につながる。

　一方、地域にとって CF を活用するメリットは次の点である。①地域での新たな雇用創出や収入増加につながる。②様々な地域産業の振興・地域活性化の取り組みを創出する可能性が生まれる。③公的補助だけに依存しない自助努力による新たな民間資金調達手法となる。④全国へ地域情報を発信し、ファン層の拡大や支援者等とのネットワーク構築・新たな社会関係資本（ソーシャル・キャピタル）が生まれる。

　このように CF の活用により、大学の財務改善と地域との連携による教育、

研究、社会貢献の推進が一体化し融合したアプローチができる。

注

1) 私立大学社会的責任（USR）研究会『USR 入門 ― 社会的責任を果たす大学経営を目指して ―』宝印刷株式会社、p.2、2008 年。
2) 産官学金労言とは、産業界（産）、行政機関（官）、教育機関（学）、金融機関（金）、労働団体（労）、メディア（言）を指す。
3) 2015 年度現在、UBC は計 4 人が高知県下の 4 ブロック（高知市、安芸地域、嶺北地域、幡多地域）に配置されている。
4) 金融庁金融審議会金融分科会では、CF を「新規・成長企業等と資金提供者をインターネット経由で結び付け、多数の資金提供者から少額ずつ資金を集める仕組みを指すもの」と定義している。
5) クラウドファンディング・インダストリー・レポート（2013）の調査による（Crowdsourcing. org's Directory of Sites）、452 の CF プラットフォームから抽出されたデータを集計した。
6) コロラド大学ボルダー校 CF サイト：https://www.colorado.edu/crowdfunding、2015 年 10 月 21 日確認.

参考文献

赤池慎吾「地域連携活動における地域連携コーディネーターの役割と課題：「高知大学地域コーディネーター」の活動記録を事例として」『Collaboration 高知大学教育研究部総合科学系地域協働教育部門　研究論文集』Vol.5、pp.21-26、高知大学地域協働教育学部門、2014 年。

上野武『大学発地域再生：― カキネを越えたサステイナビリティの実践』清水弘文堂書房、pp.71-85、2009 年。

OECD 編『地域社会に貢献する大学』（高等教育シリーズ 132）、相原総一郎、出相泰裕、山田礼子訳、玉川大学出版部、2005 年。

京都府立大学京都政策研究センター（2015）「大学・地域連携のあり方に関する調査研究報告書」2005 年：https://www.kpu.ac.jp/cmsfiles/contents/0000004/4409/26chiiki.pdf、2015 年 9 月 21 日確認。

高知大学地域連携推進センター「高知大学インサイド・コミュニティ・システム（KICS）化事業」2015 年：http://www.kochi-coc.jp/info/dtl.php?ID=503、2015 年 9 月 21 日確認。

小林英嗣『地域と大学の共創まちづくり』学芸出版社、2008 年。

佐々木敦也『次世代ファイナンス：クラウドファンディングで世界を変えよう！』ジャムハウス、2014 年。

私立大学社会的責任（USR）研究会『USR 入門 ― 社会的責任を果たす大学経営を目指して ―』

宝印刷株式会社、2008 年。

総務省ウェブサイト「域学連携による地域活力の創出」：

　　http://www.soumu.go.jp/main_content/000221467.pdf、2015 年 9 月 21 日確認。

総務省ウェブサイト「大学と連携した地域づくりのための取組に関するアンケート」：

　　http://www.soumu.go.jp/main_sosiki/jichi_gyousei/c.../index.html、2015 年 9 月 21 日
　　確認。

谷本寛治『CSR 経営 ― 企業の社会的責任とステイクホルダー』中央経済社、2004 年。

地域と連携する大学教育研究会編『地域に学ぶ、学生が変わる：大学と市民でつくる持続可能
　　な社会』東京大学出版会、2012 年。

内閣官房都市再生本部ウェブサイト「大学と地域との取組実態についてのアンケート調査結
　　果」：http://www.toshisaisei.go.jp/03project/dai10/network.html、2015 年 9 月 21 日確認．

濱田康行『地域再生と大学』中央公論新社、2007 年。

宮田由紀夫『アメリカにおける大学の地域貢献 ― 産学連携の事例研究』中央経済社、2009 年。

文部科学省「大学改革実行プラン～社会の変革のエンジンとなる大学づくり」：

　　http://www.mext.go.jp/b_menu/houdou/24/06/__icsFiles/afieldfile/2012/06/05/13127
　　98_01_3.pdf、2015 年 9 月 21 日確認。

文部科学省ウェブサイト「地（知）の拠点整備事業について」：

　　http://www.mext.go.jp/component/a_menu/education/detail/__icsFiles/afieldfile/201
　　4/07/16/1332607_01_2.pdf、2015 年 9 月 21 日確認。

文部科学省ウェブサイト「地（知）の拠点大学による地方創生推進事業（COC ＋）」：

　　http://www.mext.go.jp/a_menu/koutou/kaikaku/coc/__icsFiles/afieldfile/2015/02/12/
　　1354716_02.pdf、2015 年 9 年 21 日確認。

文部科学省「開かれた大学づくりに関する調査研究 ― 調査報告書 ―」2014 年。

山本純子『入門クラウドファンディング スタートアップ、新規プロジェクト実現のための資金
　　調達法』日本実業出版社、2014 年。

Blingle, R. G., Malloy, E. A. and Games, R. (1999) "Colleges and Universities As Citizens"
　　Allyn & Bacon

Crowdfunder (2015) "Crowdfunding for Universities: A special report":

　　http://www.crowdfunder.co.uk/uploads/cfuk_university_white_paper.pdf, 2015 年 9 月
　　23 日確認。

Harkins, D., (2013) "Beyond the Campus: Building a Sustainable University - Community
　　Partnership", Information Age Publishing

Fisher, R., Farbricant, M. and Simmons, L. (2004) "Understanding Contemporary
　　University-Community Connections: Context, Practice, and Challenges" in Soska, T.,
　　and Butterfield, K.J. (ed.) (2010) [University-Community Partnerships: University in

Civic Engagement〕 Routledge pp.13-34.

Maurrasse, D.J. (2001) "beyond the campus: How Colleges and Universities Form Partnerships with Their Communities" Routledge

Jacoby, B. and Associates (2009) "Civic Engagement in Higher Education: Concepts and Practices" Jpssey-Bass

Siegel, D.J. (2010) "Organizing for Social Partnership: Higher Education in Cross-Sector Collaboration" Routledg

Skolaski, J., P. (2012) "Boundary spanning in higher education: How universities can enable success" UMI Dissertations Publishing

第 8 章
大学発ベンチャーの展開

8.1　大学発ベンチャーとは

　日本経済がバブル崩壊後の「失われた 20 年」から脱却し、持続的な成長を続けていくための牽引役として期待される政策が大学発ベンチャーである。アベノミクスによる成長戦略において、我が国の開業率を現在の約 5％台から、欧米並みの 10％に引き上げる政策目標が明示され、大学からのベンチャー創出がより一層期待されている。

　大学発ベンチャーは、日本経済がバブル崩壊後 10 年を経た 2001 年、経済産業省が新市場・雇用創出に向けた重点プランとして打ち出した 15 項目にわたる具体策の第 1 番目にあげられた最重要政策とも言えるものである。大学を頂点とする高等教育機関は、ベンチャービジネスを立ち上げる際に必要となるイノベーション・シーズの宝庫であるにもかかわらず、1960 年代に起きた安保闘争の結果、大学が産業界と接触を持つことをタブー視する風潮が主流となり、その結果、産・学の連携がまったくと言っていいほど取られなくなってしまった。いわゆる「大学の眠れる 40 年」と言われる所以であるが、この間、大学の持つ研究成果を、産業界に技術移転させることを政策的に推進した米国と、それが行われなかった日本とでは、大学発ベンチャー数で 2,256 対 128、技術移転機構（TLO）数で 139 対 22、TLO を通じた技術移転件数で 15,480 対 69（いずれも大学発ベンチャーが政策立案された 2001 年時点での数）と圧倒的な差がついてしまい、これが日米の産業界における活力の差となった訳で

ある[1]。こうした反省から、産学官の連携により政策的にベンチャー企業の創出が推進された第3次ベンチャーブーム（1995 ～ 2005 年）[2]以降、数多くの施策により、新事業の創出を推進する気運が盛り上がってきた。

大学発ベンチャーは、このようにして打ち出されてきた様々な新事業創出の施策の延長線上に生まれてきた、ベンチャー創出による経済活性化政策の一環と言えるものである。具体的には、大学発の特許取得件数を 2002 年度からの 10 年間で 10 倍に、大学発ベンチャーを 3 年間で 1,000 社創出することを数値目標とした[3]。この数値目標は、2004 年度末に 1,112 社に達して目標をクリアし、2008 年度末には 1,809 社に達している[4]。

また IPO、株式上場に至った企業も 47 社出てきており[5]、大学発ベンチャー 1,000 社計画が政策立案されてから約 15 年を経過して、新事業の創出に一定の成果を上げている。

しかし、その一方で、新規設立社数のペースは年々衰え、2014 年度の経済産業省の調査によれば、2014 年度末時点で企業活動を営んでいる大学発ベンチャーは 1,763 社と、2008 年度末時点の 1,807 社に比べて 44 社減少し、2009 年度～ 2014 年度の間に新設された企業が 415 社に対して、同期間に閉鎖された企業は 723 社に上る[6]（この他に 2008 年度調査では確認されなかったが、2014 年度調査で新たに確認された企業が 264 社ある）。

その大学発ベンチャーの現状と課題を、次節で論考する。

8.2　大学発ベンチャーの現状と課題

本節は、政策立案からおよそ 15 年を経て、曲がり角にあるとも言える大学発ベンチャーの現状と課題について考察する。

8.2.1　大学発ベンチャーの定義

経済産業省の定義[7]によれば、大学発ベンチャーとは以下の形態がある。

①　研究成果ベンチャー

　　→大学で達成された研究成果に基づく特許や新たな技術・ビジネスの

手法を事業化する目的で新規に設立されたベンチャー

② 協同研究ベンチャー

→ 創業者の持つ技術やノウハウを事業化するために、創立5年以内に大学と協同研究等を行ったベンチャー

③ 技術移転ベンチャー

→ 既存事業を維持・発展させるため、設立5年以内に大学から技術移転等を受けたベンチャー

④ 学生ベンチャー

→ 大学と深い関連のある学生ベンチャー

⑤ 関連ベンチャー

→ 大学からの出資がある等その他、大学と深い関連のあるベンチャー

8.2.2 大学発ベンチャーの設立状況

大学発ベンチャーの年度別設立状況は、図8-1のとおりである。1995年度以前は100社に満たなかったものが、1999年以降急速に増加し始め、特に2002年に国立大学の教員の役員兼業規程が緩和されて、国立大学の教員が自分の研究成果を活用する企業で、役員を兼業できるようになったことが追い風

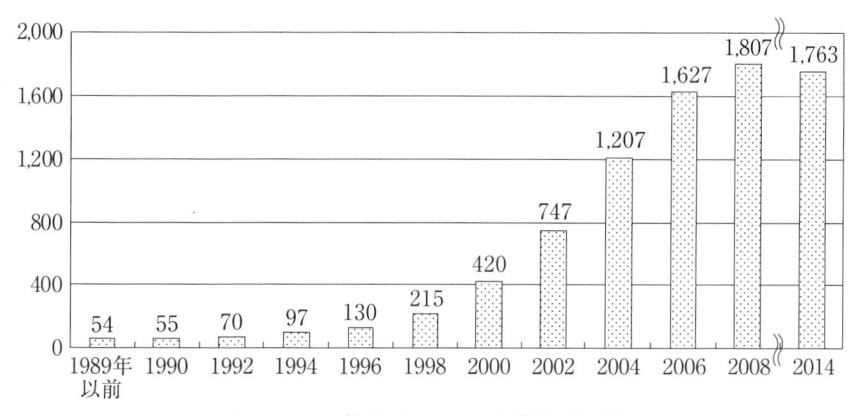

図8-1 大学発ベンチャー企業数（累計）
（経済産業省「平成26年度 大学発ベンチャーの成長要因を分析するための調査報告書」p.40, 2015年）

となり、2004 年に初めて 1,000 社の大台を突破し、2008 年度には 1,807 社と 2,000 社に迫る勢いとなった。

しかし、その一方で 2006 年以降、設立の増加率が鈍化傾向をたどり、直近の 2014 年度は 1,763 社と、2008 年度と比較して 2.4% 減少している。2009 年度から 2013 年度までの 5 年間、政府の事業仕分け等による予算削減を受けて、調査そのものが行われなかったことから、詳しい原因は明らかになっていないが、大学発ベンチャー全体の約 65% を占める国立大学では、すでに全大学の 81.4% においてベンチャーが設立されており、ベンチャーの設立がない大学は、その特性上研究成果を活用して起業する形がなじみにくい、教育大学や文系中心の大学の一部であり [8)]、大学発ベンチャーの設立がほぼ一巡したとみられることや、大学発ベンチャーそのものに、一時の勢いがなくなっていること、政府の予算が削減されたことなどがその原因として考えられる。

8.2.3 大学発ベンチャーの分野

2014 年度の経済産業省調査によれば、事業分野別の大学発ベンチャーの企業数は、図 8-2 のとおりとなっている。「バイオ・ヘルスケア・医療機」「IT（アプリケーション、ソフトウェア）」が多い。前回調査（2008 年度経済産業省調査）と比較すると、特に「バイオ・ヘルスケア・医療機」の増加が著しい。

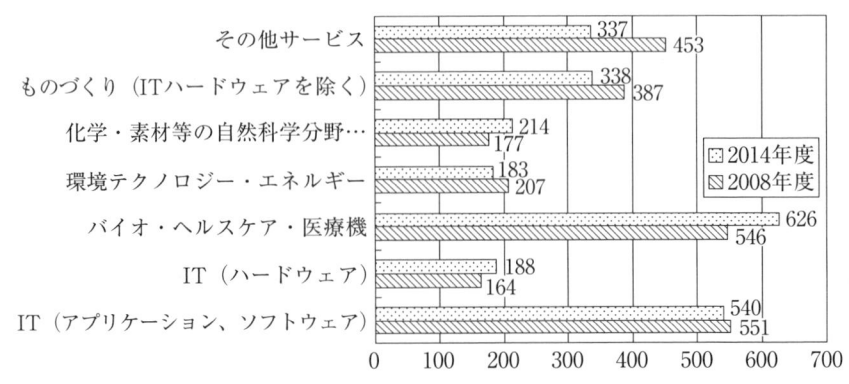

図 8-2　大学発ベンチャーの事業分野別企業数
（経済産業省、前掲書、p.43）

8.2.4　大学発ベンチャーのランキング

　2014 年度の経済産業省の調査による大学発ベンチャーのランキングは表 8-1 のとおりである。上位には東大・京大などの旧帝国大学や筑波大・東京工業大など理系に強みを持つ国立大学が並んでおり、私立大学でベスト 10 入りしているのは早稲田大だけである。そんな中、地方都市にある九州工業大が 10 位にランキングされているのをはじめ、同じく地方国公立大の会津大や岡山大がベスト 20 に入っていることは注目に値する。また、前回調査（2008 年度経済産業省調査）と比較すると、特に東京大学発のベンチャー企業数の増加が著しい。

表 8-1　大学発ベンチャー企業数ベスト 30

順位	大学名	2014 年度企業数	2008 年度企業数	順位	大学名	2014 年度企業数	2008 年度企業数
1	東京大学	196	125	16	立命館大学	29	35
2	京都大学	84	64	18	会津大学	28	23
3	大阪大学	78	75	19	光産業創成大学院大学	27	3
4	筑波大学	70	76	20	岡山大学	23	28
5	早稲田大学	68	74	21	鹿児島大学	22	10
6	九州大学	63	55	21	東京農工大学	22	25
7	東京工業大学	56	57	21	名古屋工業大学	22	14
8	東北大学	53	57	24	静岡大学	21	22
9	北海道大学	46	43	24	東海大学	21	20
10	九州工業大学	40	45	26	大阪府立大学	20	18
10	広島大学	40	38	27	山口大学	19	18
12	慶應義塾大学	38	51	27	徳島大学	19	33
13	名古屋大学	35	28	27	同志社大学	19	16
14	デジタルハリウッド大学	34	19	30	三重大学	18	18
15	龍谷大学	33	27	30	電気通信大学	18	10
16	神戸大学	29	33	30	日本大学	18	23

（経済産業省、前掲書、pp.44-45）

8.2.5　大学発ベンチャーの課題・問題点

　大学発ベンチャーが抱える課題は、①資金調達、②販路開拓、③人材の確保・育成、この３点に尽きると言える。これら３項目は経済産業省が「大学発ベンチャーに関する基礎調査」の調査を開始した 2002 年度以降、常に課題の上位３項目を占めており、大学発ベンチャーに限らず、ベンチャーにとって永遠の課題とも言える。この理由としては、①大学教員や学生といった会社経営のスキルや経験に乏しい者が、経営者になることが多い上に、事業のステージがシード期・スタートアップ期から急成長期、安定成長期と進展していっても、プロフェッショナルな経営者に経営を委ねない傾向にあること [9]。②シードに近い研究成果をもとに事業化が図られるケースが多く、事業化に至るまでのリードタイムが長いという問題点に加えて、新規性が高い分野を扱う場合が多いため、まったく新たに市場開発を行わねばならないことから、事業化に成功するまでに死の谷 [10] がやってきて、倒産してしまうリスクが高いことがあげられる。

　また、大学発ベンチャーが抱える問題点として、以下の事項があげられる。①大学側は教員に対して盛んに起業を勧めるが、大学教員が休職し起業してから数年後に復職しようとしても、以前のポストが保証されない不安から、起業をためらう（**制度上の問題点**）、②大学側は教員に起業を勧めるが、いざ起業をすると積極的にサポートしようとはしない。そうした事例を間近で見ていることから、自分はあんな苦労をしてまで起業はしたくないと起業に及び腰になってしまう [11]（**大学側のサポート体制の問題点**）、③特に医療系の大学発ベンチャーの場合、アメリカに比べて医薬品の審査を担当する審査官の数が圧倒的に少ないので、実用化に大変時間を要する。スピードが要求されるベンチャーにはこれが大変ネックとなる [12]（**許認可体制の問題点**）、④日本ではベンチャーキャピタル、特に銀行系・証券系のベンチャーキャピタルが、アーリーステージのベンチャーに対して、投資を行うことに消極的であること。そうした傾向が最近特に顕著になってきているので、ベンチャーは常に研究開発資金が不足する状況にある（**資金面の問題点**）。

8.2.6　大学発ベンチャーの公認・承認の問題

　こうした数々の課題・問題点を抱えている大学発ベンチャーであるが、これを大学側からサポートする取組みも始まっている。大学発ベンチャーと言っても、その大半は世の中に知られていなかったり、企業自体のプロモーション機能の脆弱さにより、製品自体は良い製品を作りながらも、販路開拓ができないために伸び悩んでいるところが多い。そこで、大学の持つ知名度や信頼性を製品の販売に活かしたいと考える企業が非常に多く、経済産業省の調査によれば、研究開発段階の大学発ベンチャーが大学に望む支援として、「大学による公認ベンチャーとしての PR」が、10 項目の支援内容のうち 2 番目に多かった（1 位は「大学施設の弾力的な利用」）。また、製品の PR に大学名称を使用した企業の約 8 割が「企業の知名度や売上 UP に効果があった」と評価している[13]。

　しかし、その一方で、大学側の姿勢はどうかというと、大学発ベンチャーに対して、大学の名称の活用を公認する「公認」（例：○大学発ベンチャー）や、その製品に大学名やブランドの使用を「承認」している大学は、「公認」「承認」合わせても 2 割にも満たない状況である。この理由として、公認した大学発ベンチャーが経営に失敗した場合や、製品にトラブルが発生した場合に、大学のブランドイメージの低下につながりかねないことを危惧して、大学発ベンチャーの公認や承認に対して、抵抗を持つところが多いと考えられる[14]。大学発ベンチャーに限らず、ベンチャーにとって最大の課題は、自身で販路開拓ができないことである。こうした課題を克服し、大学発ベンチャーを成功に導くためにも、大学側のより積極的なサポートが求められるところである。

8.2.7　今後の方向性

　大学発ベンチャー 1,000 社計画が政策立案されてから、約 15 年が経ち、累積の設立数も当初の計画のおよそ 2 倍に達した現在、大学発ベンチャーは大きな曲がり角に来ていると思われる。大学発ベンチャー全体の約 65％を占める国立大学ですでに 81.4％の大学で大学発ベンチャーが設立されるなど、大学発ベンチャーは量から質、すなわちその設立数を競うことから、設立されたベ

ンチャーの発展や整理といった設立後のマネジメントに今後の注力の方向性を移すべきと考えられる[15]。前述した大学をあげてのサポート体制の構築はもちろんのこと、大学発ベンチャーの1番の課題となっている販路開拓面の支援や、事業ステージが進んでいった際のアライアンス先の紹介や、プロフェッショナルな経営者の経営への参画なども求められるであろう。

8.3　大学発ベンチャーの事例〜(株) ユーグレナ〜

　大学発ベンチャーの事例として、東大在学時に起業を志し、起業から7年で我が国の代表的な新興市場である東証マザーズに株式上場を果たし[16]、今や日本を代表するバイオベンチャーに成長した株式会社ユーグレナ（以下ユーグレナと記す、本社東京都）を取り上げる。社名となっているユーグレナとはミドリムシの学名である。同社は、このミドリムシをコア・コンピタンス[17]として、「ミドリムシが地球を救う」をキャッチフレーズに、ダイナミックに事業展開している、バイオベンチャーである。このユーグレナを率いているのが、創業者でもある出雲 充 代表取締役である。出雲氏は2012年スイス・ダボスで開かれた世界経済フォーラムにおいて、ヤング・グローバル・リーダーに選ばれるとともに、中小企業基盤整備機構が制定する、「ジャパン・ベンチャー・アワード2012」において、「経済産業大臣賞」を受賞するなど、現在、日本で最も勢いのある、起業家の一人と言える。

8.3.1　着想段階

　出雲氏は、1980年に東京に生まれ、父親はサラリーマン、母親は専業主婦という、ごく普通の都市近郊のサラリーマン家庭で育った。東大に入学した1998年の夏休みに、学外活動の一環で初めて海外に行ったことが人生を一変させる。渡航先は世界で最も貧しい国の一つであるバングラデシュであった。出雲氏はバングラデシュで、現地の貧しい人たちを助けるための銀行である、グラミー銀行でアルバイトをするのが主な目的であったのだが、出雲氏は渡航前、バングラデシュはきっと、貧困で飢餓に苦しむ人だらけだろうと思ってい

た。そこで、バングラデシュの子供たちに、カロリーメートをお土産に持って
いった。ところが実際に行ってみると、貧困の中にあっても、飢餓に苦しんで
いる人は、1人もいなかった。というのもグラミー銀行では、おいしいカレー
が、人々に提供されていたのだ。しかし、そのカレーの中には、肉も野菜も
入っていない。それはグラミー銀行に限ったことではなく、バングラデシュの
食事には、野菜などはほとんど出てこない。炭水化物以外の栄養素が、絶対的
に不足していた訳である。したがって、子供たちの手足は異常に細くて、一目
で栄養失調に陥っていることが、わかったという。

　このバングラデシュのように、世界にはアジアやアフリカを中心として、栄
養失調の危機に瀕している国が非常に多く、10億人が苦しんでいるとも言わ
れている。そうした事実を目の当たりにした出雲氏は帰国後、この世界の栄養
失調問題をなんとかしたいと思い、文学部から農学部へと転部する。そして、
この食糧事情を、劇的に改善する方法はないかと研究していたところ、農学部
に在籍していた鈴木健吾氏（現 ユーグレナ研究開発担当取締役）から、自身
の研究テーマだった、ミドリムシを紹介される。ミドリムシは、動物と植物両
方の要素を持っていて、両方の栄養素を兼ね備えており、人間が必要とする栄
養素のほぼすべてを、含んでいる。さらに、水と光と二酸化炭素があれば育て
ることができ、その生産効率は、稲の80倍とも言われている。鈴木氏は「ミ
ドリムシの栄養素が、食品に有効である」という論文も多数出しており、出雲
氏はこのミドリムシに出会って、世界の食糧問題と環境問題を解決できると直
感し、これを事業化するために起業することを決意する。しかし、ミドリムシ
で事業を起こすためには、ミドリムシを大量に培養することが必要なのだが、
日本でもミドリムシの大量培養は、国家プロジェクトとして、1980年代から
2000年まで研究されていたにもかかわらず、大量培養は成功しなかった。そ
うしたことから当時は、ミドリムシは大量に培養することは不可能というのが
常識となっていた。

　出雲氏はやむを得ず、在学中に起業することを断念して、2002年に大手銀
行に就職する。同様に鈴木氏も、起業を諦めて大学院に進学する。しかし、出
雲氏は決して起業することを諦めた訳ではなかった。当時出雲氏は銀行の独身

寮に入っていたのだが、ほとんど寮には帰らずに、鈴木氏の家に寝泊まりして、2人でミドリムシに関する研究を重ねる毎日であった。出雲氏は当初、銀行で社会経験を積んでから、35才くらいで起業するプランを立てていたのだが、だんだんと片手間ではできないと思い始める。「リスクを負っていない、人間の言う事なんて誰も信じない」「ミドリムシに両足を突っ込んでいなければ、30年もミドリムシの研究をしてきた人の心は動かせない」さらには、「ミドリムシは僕がやらなかったら、一生日の目を見ないかもしれない」と思うようになり悩んだ末、「今やらなければ一生後悔する」と考え、わずか1年足らずで銀行を辞め、起業することを決意する。

8.3.2　試行錯誤

　銀行を辞めた出雲氏は、ミドリムシの事業化に向けて、鈴木氏と手分けして、全国の研究者を訪ね歩いた。退路を断って挑戦する2人の若者に、多くの研究者が協力してくれた。またベンチャーキャピタルから資金を集めるなどして、ついに、2005年の8月に創業にこぎ着けた。そして、その年の12月、ついにミドリムシの大量培養に、世界で初めて成功する。今迄ミドリムシの大量培養は、なぜ成功しなかったかというと、ミドリムシを食べてしまう外敵から、どうやってミドリムシを守るかということを研究テーマとして、そのために大規模なクリーンルームを作って、ほとんど無菌の状態で、ミドリムシを純粋に培養しようという研究を進めていた。そこで出雲氏らは、発想を転換して、蚊帳を吊って外敵を侵入させない方式から、蚊取り線香を炊いて外敵を殺してしまうという方式に転換した。つまりミドリムシには、ほとんどなんの影響も与えないが、ミドリムシ以外の生き物は、侵入できないような、培養液を

図 8-3　(株) ユーグレナの培養施設（沖縄県石垣市）

作り出すことに成功した訳である。これによって、屋外でミドリムシを大量に、しかもリーズナブルに、培養できるようになったのである。

ところが、事業化に向けて、明るい展望が開けたと思いきや、そこからまた、茨の道が待っていた。せっかく、大量に作れるようになったミドリムシが、売れなかったのである。例え世界で初めてという、画期的な商品開発に成功したとしても、それが売れなければ事業にならない。ユーグレナも、ここが最大のネックとなったのである。ミドリムシの大量培養に成功した、翌年の2006年から2008年にかけて、出雲氏たちは、HPやタウンページを頼りに、実に500社もの会社に営業に行った。訪問すると、一応話は聞いてもらえるのだが、商談の詰めの段階に来ると、担当者は、「稟議書に主要な取引先を、3社書く必要があるので、教えて下さい」と、判で押したように言われた。そこで「いや、御社が記念すべき、初めての取引先となる予定です」と返すと、決まって断られてしまったのである。これは、日本の企業の最大の特徴なのだが、前例がなかったらまず採用されない。これが、日本でベンチャーが育たない、最大の理由なのである。実際ユーグレナでも、「他社が採用してうまくいったら、うちもやりたい」っていう会社は、山ほどあった。

8.3.3 転換期

結局3年間、鳴かず飛ばずの下積み時代が続いた。そんなユーグレナに、転機が訪れたのは、創業から3年後の2008年。伊藤忠商事が、初めての取引先になってくれたのである。そうすると状況は一変し、各社がミドリムシを採用してくれるようになり、ついに大ブレークの時がやってきた。これも日本の企業の特徴なのだが、前例がなければ、なかなか採用してもらえないが、1社大企業が採用してくれると、後は非常にスムーズに商談が進むという、横並びの意識が大変強い。こうしてユーグレナは、2012年ベンチャー企業向けの新興市場である、東証マザーズに上場を果たした。

注

1) 松田修一『ベンチャー企業』第 3 版、日本経済新聞社、p.175、2005 年。
2) 松田修一『ベンチャー企業』第 4 版、日本経済新聞社、p.25、2014 年。なお、現在は第 4 次ベンチャーブームと言われている。
3) この数値目標から大学発ベンチャー 1,000 社計画と言われている。
4) 日本経済研究所『大学発ベンチャーに関する基礎調査実施報告書』p.7、2009 年。
5) 野村総合研究所『大学発ベンチャーの成長要因を分析するための調査報告書』p.41、2015 年。
6) 野村総合研究所、同書、p.40
7) 野村総合研究所、同書、p.4
8) 文部科学省科学技術政策研究所第 3 調査研究グループ『大学等におけるベンチャーの設立状況と産学連携・ベンチャー活動に関する意識』p.89、2010 年。
9) 価値総合研究所『大学発ベンチャーに関する基礎調査実施報告書』p.30、2008 年。
10) 「死の谷」とは、大学発ベンチャーのような研究開発型ベンチャーは、多くの先行投資が必要となるが、製品開発のスケジュールが遅れたり、製品は開発できても販売が思うようにいかず、資金が底をついてしまって経営危機に陥ることを言う。
11) 関西ベンチャー学会 第 6 回年次大会（2007 年 2 月）のシンポジウムにおけるコメントより。
12) 関西ベンチャー学会 第 6 回年次大会（2007 年 2 月）のシンポジウムにおけるコメントより。
13) 価値総合研究所、前掲書、pp.64-65
14) 価値総合研究所、前掲書、pp.65-66
15) 文部科学省、前掲書、p.89
16) 現在は東証 1 部に上場を果たしている。
17) コア・コンピタンスとは、自社の中核となる競争力のことを言う。

参考文献

価値総合研究所『大学発ベンチャーに関する基礎調査 実施報告書』2008 年。
日本経済研究所『大学発ベンチャーに関する基礎調査 実施報告書』2009 年。
野村総合研究所『大学発ベンチャーの成長要因を分析するための調査報告書』2015 年。
松田修一『ベンチャー企業』第 3 版、日本経済新聞社、2005 年。
松田修一『ベンチャー企業』第 4 版、日本経済新聞社、2014 年。
文部科学省科学技術政策研究所第 3 調査研究グループ『大学等におけるベンチャーの設立状況と産学連携・ベンチャー活動に関する意識』2010 年。

第 9 章

意欲的な FD の取組み

9.1　FD とは

　FD（ファカルティ・ディベロップメント）は、大学教員（集団）の専門的職業能力を開発・向上させるための組織的取組みのことであり、1980 年代頃からアメリカの高等教育機関（大学など）で普及したものである。他の職業と同様に、プロフェッショナル・ディベロップメント（PD）ということもあり、イギリスではスタッフ・ディベロップメント（SD）と呼ぶのが一般的である。

　大学教員には、学生を対象として幅広い教養と高度な専門知識・技能を**教育**するという職務があるが、高度に専門化された**研究**をすることにより、最先端の専門知識、技能の開発、蓄積、応用等にも取り組んでいる。この他にも大学を運営していくための**組織運営**（学内行政）、地域の公開講座で講師をしたり政府・自治体の専門委員を務めたりする**社会サービス**等も大学教員の重要な職務である（図 9-1）。アメリカで始まった FD は、大学教員のすべての職務、全生涯にわたる専門

図 9-1　大学教員の職能
（筆者作成）

職業的な能力開発を支援するもので、研究支援（研究助成金の獲得、研究休暇の付与、終身在職権の取得など）や、社会サービス・学内行政の支援（リーダーシップ講習や公共組織研究など）も行われている。

我が国では、1993年の大学審議会答申「21世紀の大学像と今後の改革方策について」においてFDの定義を「学部・学科全体で、それぞれの大学等[1]の理念・目標や教育内容・方法についての組織的な研究・研修」と規定したため、教育面に特化した改善のための取組みを指すようになっている。

本章では、現在の大学（高等教育機関）でFDが取り組まれるようになった背景、1990年代以降のFDの進展を概観した後、多くの大学で取組まれているFDについて、"FDの3つの層"に即して意欲的なFDの取組みを紹介する。

9.1.1　FDの背景

大学進学率が50%を超え、以前のように教員が研究した内容をそのまま学生に伝授するような授業が多くの大学で成り立たなくなり、教育内容や授業の方法を学生の学習に焦点を当てたものに転換することが必要になってきた。大学生が少数のエリートだった時代には、大学は多くの選択科目を並べて学生に自由に履修させることによって、学生は自分の将来を考えて体系的に科目選択をするものとなっていた。また、教員と学生は、授業内やゼミ・研究室で専門的な知識や様々な社会的トピックについて対等に討論することが期待されていた。しかし、現在の大衆化した大学では、多くの学生が明確な問題意識を持たず積極的な学習意欲を持っていないため、体系化したカリキュラムに沿った学習プロセスを大学・教員の側が用意して学生に提示する必要がある。また、授業内で学生に発言させるには、教員がよほど周到に準備をしていかないと難しい状況もある。

こうした状況の中で、FDという用語が普及する以前から、まず個々の教員が自分の担当する授業の方法を工夫する事例が、地方私立大学や短期大学の中で積み重ねられてきたが[2]、それは大学の組織的な取組みとはならず、個々の教員の努力に頼るものであった。

1991年の大学設置基準大綱化を契機として、各大学が自らの理念・目標に

沿ってカリキュラム編成を行って自らの教育内容に責任を持つ体制となり、組織的な教育改善が課題となってきた。

9.1.2　FD の進展

　大学設置基準大綱化を契機とした大学改革の進展に伴って、多くの大学でFD の検討が始まった。この時期の FD 活動の多くは、高等教育や教育工学の専門家を招いて講演会を開催する形式がとられ、大学教員に FD の必要性を浸透させることが目的とされていた。さらに、FD の必要性を認識した少数の教員は、自分の担当する授業の方法を改善しようとして、様々な研修会に出かけて教育工学や学習理論の知識・技能を習得して授業実践に生かしていた。

　1998 年の大学審議会答申「21 世紀の大学像」では、FD を正面から取り上げ教育内容等の改善のための組織的な研修を各大学が実施するよう努めることを提言した。これを受けて 1999 年に大学設置基準が一部改正され、FD が各大学の努力義務とされ、多くの国立大学や大規模私立大学では、FD を担当するセンターを設置して、全学的に FD を推進する体制を整備してきた。2008年には、大学設置基準一部改正により FD の実施が各大学の義務（**FD の義務化**）とされ、各大学が多様な形態で FD を実施するようになってきている（表 9-1）。

表 9-1　FD 法制化の流れ

（筆者作成）

1980 年代	アメリカで FD が普及・活発化
1991 年	大学設置基準大綱化、自己点検・評価の開始
1993 年	大学審議会答申で FD に言及
1998 年	大学審議会答申で FD の努力義務を提言
1999 年	大学設置基準で FD を努力義務化
2004 年	国立大学法人化・認証評価制度の開始
2007 年	大学設置基準で大学院の FD 実施を義務化
2008 年	大学設置基準で学部の FD 実施を義務化

9.2　3つのFD

我が国で初めてFDという用語が公
式に使われた1993年の大学審議会答
申での定義以来、FDを授業改善の取
組みだけとして捉える傾向があり、こ
れまでの多くの大学におけるFD活
動では、授業に対する学生アンケート
や、授業にICTを使うための研修会等
が重視されてきた。しかし、FD活動
を実質的な大学教育の改善に結び付け
るには、個々の授業を改善するための
取組み（ミクロ・レベル＝授業・教授

図9-2　FDの3つの層
（佐藤，2010）

法の改善）のみならず、学生の入学から卒業までを見通した学習行動の検討に
基づくカリキュラムの構築・改善のための取組み（ミドル・レベル＝カリキュ
ラムの改善）が必要であり、さらには学部学科の再編や教育改善のための人員
配置や組織再編といった大学全体の取組み（マクロ・レベル＝組織改革）も必
要となる（図9-2）[3]。

9.2.1　授業内容・方法の改善・工夫

　ミクロ・レベルとはいっても、授業内容や授業方法を改善するために行われ
る組織的な取組みには幅広い手法がある。個々の教員が自分自身の努力によっ
て話し方を改善したり黒板の使い方を工夫したりするのはFDとは言わない
が、改善の成果を報告したり、教員相互で改善点を話し合ったりすればFDと
なる。学生による授業評価には多くの限界があるが、授業のテクニックに関す
る評価については有用性が高いと言われる。教員自身が評価結果を元に自省（振
り返り）を行うとともに、評価結果を改善に結びつけるための組織的な取組
みとして、教員同士の授業検討会や授業カウンセリングが取り組まれている。

近年の授業用器具や ICT 機器の発達・改良によって、昔ながらのプリントと板書の使用だけではなく、スライド、OHP からビデオカメラ、パワーポイントが使えるようになり、現在ではインターネットによる授業配信や遠隔授業、LMS（学習支援システム）も利用できるようになっている。教員から学生への一方向の知識伝授型授業から、対話や自発性を重視した学習支援型授業を取り入れていこうとする動き（パラダイム・シフト）の中で、教育・学習を支援する ICT 機器を活用することは非常に効果があり、FD 活動の一環として研修会や活用事例報告が多く行われている。同じ授業科目を複数の教員で担当する場合など、複数クラスの連携が必要となる場合に、共通テキストを作成したり授業の進み具合を調整したりする取組みも行われている。その場合には、特に授業の到達目標を明確にして、評価方法を統一するための努力が必要となる。

9.2.2　カリキュラムの改善・改革のための取り組み

　大学設置基準の大綱化により一般教育科目等と専門教育科目の区分がなくなり、各大学が自大学の教育理念と目標に応じて教育課程（カリキュラム）を編成する責任が生じてきた。個々の授業を工夫・改善して学生の学習効果を高める取り組みも重要であるが、個々の授業は学生の学習経験を構成する体系立てられたカリキュラムの一部を分担しているものであり、学生の入学から卒業までを見通したカリキュラムの構築・改善（ミドル・レベル）が必要であると考えられるようになった。

　2005 年の中央教育審議会「我が国の高等教育の将来像」では、各大学は自大学を卒業する者が全員習得すると期待される能力（知識・技能や見識の水準）をディプロマ・ポリシー（DP）として定め、入学者を募集・決定するにあたって求めるべき能力をアドミッション・ポリシー（AP）として定義するよう提言した。これと同時に、自大学に在学している期間に学生が身に付けるべき能力を定義し、これを達成するためのカリキュラムを編成することも求められた。このために各大学および学部・学科が定めるカリキュラム編成方針をカリキュラム・ポリシー（CP）という。

　従来も理工系や資格系の学部・学科では段階履修や積み上げ式と呼ばれる履修方式が採られてきたが、多くの文科系の学部・学科では、幅広い分野の科目を学生が自由に履修して、その経験の中で学生自身が学問の体系性を学ぶことが理想とされてきた。

　これに対し、各学部・学科に設置されたそれぞれの授業は、自大学の、そして学部・学科のカリキュラム・ポリシーに即して体系的に設置された科目群の一部であり、ひとつの授業を履修して知識・技能を習得することが次の学習に結びついて、最終的に卒業時に必要とされる能力を養うものでなければならないという考え方が提唱されてきた。

　こうした考え方のもとで、FD 研修の一環としてカリキュラム・マップやカリキュラム・ツリーの作成をワークショップ形式で開催する機会も増えてきた。**カリキュラム・マップ**は、カリキュラムの整合性を評価するためのもので、学部・学科の DP と各授業の到達目標との対応表である（表9-2）。この対応表（マップ）によって自学部・学科の強みと弱みを知り、また、授業科目の過不足を把握することができ、カリキュラム改編の際に科目を再配置する材料として使うことができる。さらにこの作業によって、自分が担当する授業に、どのような観点・領域の知識・技能が求められているのかを再認識することができる。

　カリキュラム・ツリーは、授業科目間のつながりを樹状図（カリキュラム・ツリー、図9-3）に落とし込む作業を通じて、カリキュラムの「体系性」を評価することにより、授業科目の重複や欠如を把握したり、科目間の連携を図るための材料としたりするものである。

　カリキュラム・マップ／ツリーの作成は、カリキュラムの体系性（整合性、網羅性）を評価するという目的に加え、学生の既習知識を把握し、授業の到達目標を明確にすることによって、科目間の連関を意識した授業運営につながる。自学部・学科の担当教員がこれらのツールを使うことによって、教員自身がそれぞれの担当授業の授業方法、授業内容や成績評価基準を検証することにも大きな意義がある。

表9-2　カリキュラム・マップの例

■カリキュラム・マップの例　　　　　　　　　　　　学部・学科のディプロマ・ポリシー

授業科目名 ＼ 到達目標	DPの観点（領域）	知識・理解 ＊＊学の基礎的内容を理解し、正確かつ簡潔に説明することができる	思考・判断 自分の周りの現象を、＊＊学の研究方法を用いて考察することができる	関心・意欲 ＊＊学の知を、社会のニーズに結び付けて考えることができる	態度 ＊＊学の知を活かして、社会のニーズに応えることができる	技能・表現 自分の考えを、＊＊学の知に照らして的確に表現することができる
＊＊学入門	＊＊学の特徴を理解し説明できる	◎	○	△		
	＊＊学の基礎的用語を使うことがてきる	◎	○			△
	＊＊学の考え方に習熟する	◎	◎	○	△	
＊＊学演習	テキストを読んでその内容を友人に伝えることができる	◎	△			○
	自分の経験を＊＊学と結び付けて論じることができる		◎	◎	△	△
	＊＊学に基づいた実施計画を立てることができる		○	◎	◎	△

（初出：京都FD開発推進センター，pp.36-37, 2010年）

■カリキュラム・ツリーの例

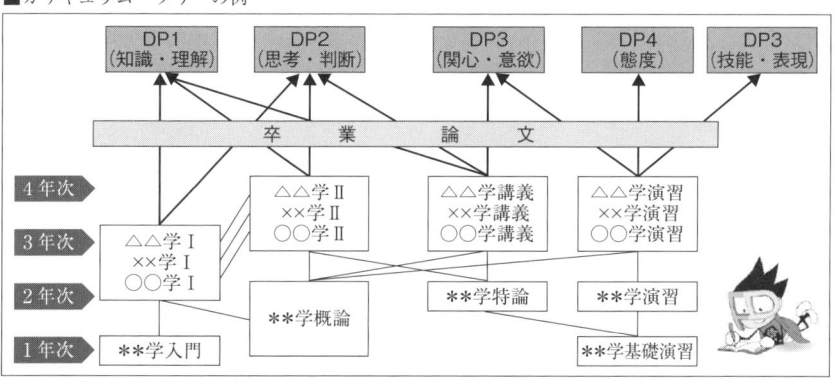

図9-3　カリキュラム・ツリーの例
（初出：京都FD開発推進センター、pp.38-39、2010年）

9.2.3　大学の組織改革による FD の進展

　大学教育の改革を実効あるものとするためには、組織レベルの改善・改編の課題も避けて通るわけにはいかない。教員による学生への一方通行の教育ではなく、学生の学習に視点を置いた学習支援型・対話重視型の教育実施体制が必要とされ、それぞれの大学の学生の学習行動や学習水準に対応した学部・学科構成や、その学生たちに対して必要となる学習支援形態に柔軟に対応することができる学習支援組織が必要となる。従来の教員中心の学問分野別の学部・学科構成から、学生中心の関心領域別の一貫したコース編成に組み替えたり、従来の図書館や視聴覚センターを学習支援センターに統合したりする改革も多くの大学で実施されている。いくつかの大学では、教員の所属する研究組織と、学生の所属する学習組織を分離する試みも始まっている[4]。

　また、国立大学や大規模私立大学などで FD 活動の推進組織を事務担当部署から、大学教育開発センター[5]を新設して移管・統合することも、大学の組織改革の一環である。センターを設置できない大学においても、FD 専門担当者の配置や FD 活動に対する特別経費を予算措置する大学は多い。

9.3　実効性のある様々な FD の取組み

　様々な事情により FD の講演会や研修会といったイベントに参加できない教員も多く、現在ではイベント型の FD（祝祭型 FD）から、より実効性のある日常型 FD を重視するべきであるとの議論も出ている。講演会や研修会など FD に関するイベントを実施することも大切だが、イベントで得た知識や技能を実際の授業改善や教育改革に生かすことが重要である。イベント型であっても、学外の専門家を招く一方通行の講演会よりも、教員同士が問題意識を共有できるワークショップ形式の研修が多く実施されているようになった。

　日常型の FD の例としては、学生による授業評価、教員相互の授業参観、教員同士の授業検討会、同僚教員によるメンター制度[6]、教育業績記録（ポートフォリオ）[7]の作成、授業コンサルテーション[8]などが挙げられる。

9.3.1　学生による授業評価を活用した教育改善

　教育活動の評価には様々な手法があるが、その中でも学生（受講生）による授業評価は、教育の対象者であり、授業に実際に継続して参加している側からの評価として重要視されている。2013 度には国公私立大学全体で約 96.6%の大学が、全学的に学生による授業評価を行っている（文部科学省「大学における教育内容等の改革状況について」p.26, 2015 年）。学生による授業評価の目的は、教員に点数を付けたり、ランク付けをしたりすることではなく、第一に教員が自分の授業を客観的に見つめ《振り返り》、不十分な点を反省し改善していく機会とすることにある。教員が一方的に授業を進めればよいという時代は過ぎ、個々の授業においても学生の学び・成長を中心に据えた教育が求められており、特に授業テクニックにかかわる部分については、学生からの指摘が有用であるとされている。

　さらに、個々の授業、教員に留まらず、組織全体として授業が円滑に運営されているかどうかを測り、カリキュラムの改善や設備・施設の充実に役立てることも目的の一つである。組織全体で授業評価を実施することによって、現在の学生がどのような学習行動をとり、どのような学習面での困難を抱えているかを把握して、その状況に応じた対応、改善に結び付けることができる。教員の自己評価や教員同士の同僚評価、卒業生による経年評価等を組み合わせて、教員個人および教育組織の教育活動総体としての多面的な評価を行うことが求められている。

9.3.2　大学連携を活用した FD

　大学設置基準により、すべての高等教育機関に FD の取組みが義務化されたことを契機として、同じ地域の高等教育機関が連携、共同して授業開発、研修プログラム開発、FD 人材養成、FD 研究等を実施している。2008 年度から文部科学省による戦略的大学連携支援事業が始まったことを契機として、地域大学コンソーシアム（第 6 章参照）が多数結成され、ほぼすべての戦略連携採択事業が FD ／ SD 連携を活動目的の一つに掲げている[9]。

　さらに 2014 年度より、文部科学省が教育関係共同利用拠点制度を創設し、

表9-3　教育関係共同利用　認定拠点一覧（2015年7月30日現在）

（筆者取りまとめ）

○北海道大学「教職員の組織的な研修等の共同利用拠点」（高等教育推進機構（高等教育研修センター））〈2019年度末まで〉

○東北大学「知識基盤社会を担う専門教育指導力育成拠点 ― 大学教員のキャリア成長を支える日本版SoTLの開発」（高度教養教育・学生支援機構）〈2015年度末まで〉

※東北大学「教職員の組織的な研修等の共同利用拠点」（高度教養教育・学生支援機構）〈2016年度 − 2020年度まで〉

○筑波技術大学「障害者高等教育拠点」（障害者高等教育研究支援センター）〈2019年度末まで〉

○千葉大学「看護学教育研究共同利用拠点」（大学院看護学研究科附属看護実践研究指導センター）〈2019年度末まで〉

○千葉大学「教職員の組織的な研修等の共同利用拠点（教育・学修支援専門職養成）」（アカデミック・リンク・センター）〈2016年度末まで〉

○岐阜大学「医学教育共同利用拠点」（医学教育開発研究センター）〈2019年度末まで〉

○山口大学「教職員の組織的な研修等の共同利用拠点（知的財産教育）」（知的財産センター）〈2017年度末まで〉

○愛媛大学「教職員能力開発拠点」（教育・学生支援機構教育企画室）〈2019年度末まで〉

○帝京大学「教職員の組織的な研修等の共同利用拠点」（高等教育開発センター）〈2016年度末まで〉

練習船、農場、演習林、留学生関連施設とともに、以下のFD・SDセンター（表9-3）を教育関係共同利用拠点として認定した[10]。

　こうした大学連携ネットワークによって、地域のすべての高等教育機関に体系的なFD研修プログラムが提供され、様々な大学教育に関する情報が提供されてきたことは、特に予算面、人材面等の制約により、単独では充実したFD活動を実施できない大学、短期大学、高等専門学校にとって大きなメリットがあり、地域全体の教育活性化に資するものである。

9.3.3　学生参加型FDによる教育改善

　大学教育の対象となる学生を巻き込んで、教育体制の整備や授業方法の改善に結びつける取組みもFDの一環として行われている。学生による授業評価アンケートもその一つの手法であるが、FDを大学教員だけの取組みでな

く、教員と学生、学生同士の相互作用によって効果を上げようとする取組み
は、学生の主体的な学びを促進し、学習者中心の教育環境を構築するのに効
果がある。

　2009 年より毎年 2 回開催されている「学生 FD サミット」は、全国の大学
から学生 FD 活動に取り組む学生・教員・職員が集結し、各大学における成果
を発表しあい、我が国の大学教育における課題等について共有、議論する場と
なっている。

注

1)　大学に限らず、高等教育機関である短期大学や高等専門学校でも FD に取り組んでいる。

2)　1980 年代の『一般教育学会誌』には、多くの事例報告や研究論文が掲載された。

3)　佐藤浩章（2009）「三層 FD 論」。この他、1 層目を"大学教員の開発"、2 層目を"授業開
　　発"、3 層目を"組織開発"とする三層論もある。

4)　例えば、早稲田大学、桜美林大学、筑波大学などが挙げられよう。

5)　センターの名称は大学により様々であり、職務分掌も多様である。

6)　メンター制度とは、若手教員に対して先輩教員が支援担当者となり日常的に相談に乗る対
　　応を行う制度である。

7)　教育業績記録（ポートフォリオ）とは、教員が自身の担当科目、受講者数、授業の工夫、
　　教材の作成、学習支援などを記録するものをいう。

8)　授業コンサルテーションとは、個別の教員に対して専門家や同分野の先輩教員が授業の相
　　談に乗ったり改善点を指摘したりする制度をいう。教室内でビデオ録画したり受講学生への
　　インタビューを実施したりすることもある。

9)　2009 年 9 月 8 日「FD ネットワーク代表者会議」での今泉柔剛文部科学省大学改革推進室
　　長の報告より引用。

10)　21 文科高第 38 号「学校教育法施行規則の一部を改正する省令及び教育関係共同利用拠点
　　の認定等に関する規程の施行について（通知）」平成 21（2009）年 9 月 1 日施行。

参考文献

江原武一『転換期日本の大学改革 ― アメリカとの比較』東信堂、2010 年。

京都 FD 開発推進センター『まんが FD ハンドブックおしえて！ FD マン【新任教員編】』
　　2010 年。

児玉善仁ほか編『大学の指導法〜学生の自己発見のために』東新堂、2004 年。

佐藤浩章『大学教員のための授業方法とデザイン』玉川大学出版部、2010 年。

寺崎昌男『大学自らの総合力　理念と FD そして SD』東信堂、2010 年。

橋本勝ほか『学生と変える大学教育』ナカニシヤ出版、2009 年。

山田礼子『一年次（導入）教育の日米比較』東信堂、2005 年。

L. キーグ／ M.D. ワガナー『大学教員「教育評価」ハンドブック』玉川大学出版部、2003 年。

P. セルディン『大学教育を変える教育業績記録』玉川大学出版部、2007 年。

第 10 章

SD の強化と展開

10.1 SD 強化の必要性

SD（Staff Development，大学職員[1] の職能開発）は、かなり定着してきたのではなかろうか。大学経営の重要性が問われるとともに、国立大学法人化に伴う大学職員の非公務員化、公立大学法人化に伴う大学職員のプロパー採用などの外部環境の変化により、大学教員と協働して大学経営・大学教育を支えるパートナーとしての SD が必然的に求められるようになってきた。図 10-1 は、1970 年代以降の大学職員数（専任（医療系を除く））の推移を示したものであり、漸増傾向にある。厳しい大学経営が迫られる中、大学職員の必要性が増していることを示していると言えよう。

2008 年の大学設置基準改正により、大学教員を主な対象とする FD（Faculty Development）が従前の努力義務化から義務化に強化されたことと対照して、大学職員を主な対象とする SD の推奨が中央教育審議会答申等の政府文書に明示されるに至り、その取組みが全国に広がってきた。近年、教員と職員の協働（通称：教職協働）の重要性が主張され、「FD・SD」と併記されることが頻繁になった。しかし、世界各国の高等教育制度は少なからずグローバルトレンドの影響を受けながら進展していることを忘れてはならない。すなわち、我が国の大学で進展を見せる SD は、専門職文化が希薄な特有の組織構造に基づいて形成されていることを認識しておく必要がある。

本章では、先行研究及び政策動向を概観した後、職員研修制度、大学院学

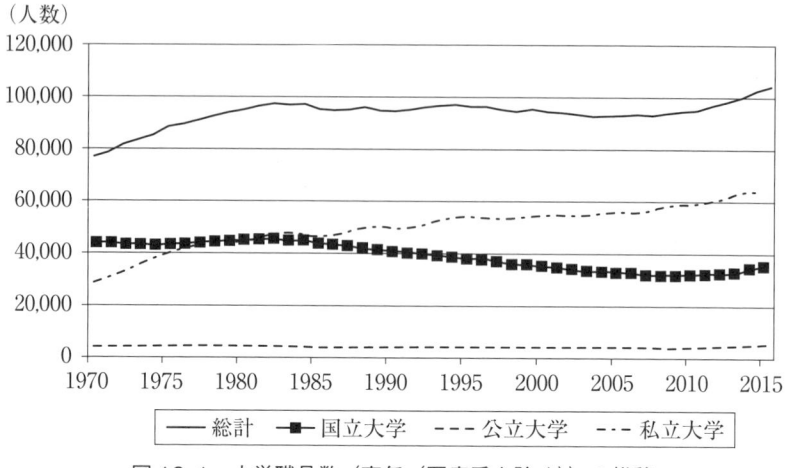

（人数）

図 10-1　大学職員数（専任（医療系を除く））の推移
（文部科学省「学校基本調査」より筆者作成）

習、高度専門職化の方向性について考察するとともに、SD のグッド・プラク
ティスとして、個別大学における SD プログラムの体系的取組み事例や大学間
連携を通した SD の展開事例を紹介する。最後に、今後の課題と展望として、
大学職員を取り巻く環境変化を 3 世代に区分しながら、大学組織の協働性にお
ける大学職員の役割のあり方を新たな視点で言及する

10.2　先行研究および政策動向

10.2.1　先行研究

　1991 年の大学設置基準大綱化を契機に、既存の大学システムの変化が生じ
る中で、大学職員の役割や資質の向上に取り組む動きが生じた。私立大学関係
者からは慶応義塾大学の孫福弘氏が中心となり、大学行政管理学の構築を目指
して大学行政管理学会を設立し、1,400 名規模の大きな学会に成長した。同学
会の活動は、大学職員による研鑽や情報交流、研究成果が数多く発信されてい
る。国立大学関係者からは文部官僚出身者が先導する形で現れ、山本眞一編
（2004, 2006）の啓蒙的な論考や山本眞一氏がセンター長を務めた筑波大学・

大学研究センターでの大学経営人材養成プログラムの試行や大場淳氏の広島大学高等教育研究開発センターにおける研究成果（大場・山野井（2003）、大場（2007, 2013））を始め、京都大学理事（現・立命館大学副学長）を務めた本間政雄氏による国立大学マネジメント研究会（後に大学マネジメント研究会と改称）を中心とした取組みが、今日の SD の発展に導く原動力となった。

10.2.2　SD に関する政策動向

　大学職員の役割については、大学審議会「大学運営の円滑化について（答申）」（1995）において、「大学改革を推進し、教育研究を活性化する上では、教員組織と事務組織は車の両輪であり、両者の良きパートナーシップの確立が必要である」と言及がなされ、教職協働が重要なキーワードとなっていった。その後、1999 年の FD の努力義務化以降、大学経営を支える大学職員を「大学アドミニストレーター」と位置付け、大学職員の能力開発を SD と称するようになった。このような動きを明文化したのが、中央教育審議会「我が国の高等教育の将来像（答申）」（2005）であり、高等教育の質の保証の観点から、教員個々人の教育・研究能力の向上や事務職員・技術職員等を含めた管理運営や教育・研究支援の充実が謳われ、FD とともに SD の重要性が強調されることとなった。そして、同答申では SD の定義として、「事務職員や技術職員など教職員全員を対象とした、管理運営や教育・研究支援までを含めた資質向上のための組織的な取組を指す」とした。

　その後、SD の具体的な進め方に言及し、今日の SD 活動に大きなインパクトを与えたのが、中央教育審議会「学士課程教育の構築に向けて（答申）」（2008）（以下、学士課程答申）であり、第 3 章「2. 大学職員の能力開発」では「大学経営をめぐる課題が高度化・複雑化する中、職員の能力開発（スタッフ・ディベロップメント）はますます重要となってきている」と言及した。なお、学士課程答申が SD 活動に与えた影響がもう一つ存在し、第 3 章「3. 大学間の協働」で「教員や大学職員の職能開発プログラムの開発・実施や、センターの共同運営など、大学間連携や支援に関する組織的な役割や貢献を果たし、ネットワークを広げていくことを期待したい」と言及し、FD・SD 活動

が個別大学だけでなく、大学間連携を通して展開される要因となった。

　文部科学省「大学における教育内容等の改革状況調査」の結果は図10-2のとおりである。SDの具体的な内容について、多くの大学では基礎的な知識・理解等を深めるもの、業務領域の知見の獲得、コミュニケーション能力の向上を目的とした取組が主流であり、マネジメント能力や戦略的な企画能力の向上に資する取組は相対的に少ない。

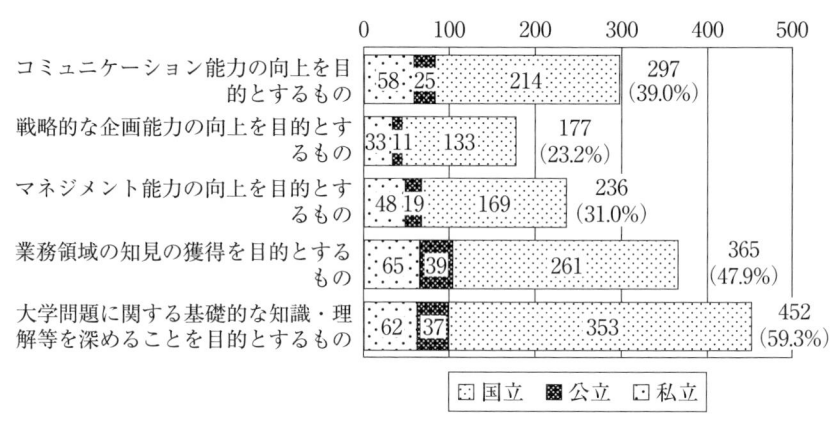

図 10-2　SD【大学全体】の内容（2013 年度実績：大学数（割合））
（文部科学省「大学における教育内容等の改革状況調査（平成 25 年度）」2015 年）

　中央教育審議会大学分科会「大学のガバナンス推進に向けて（審議まとめ）」（2014）では、「事務職員の高度化による教職協働の実現」のための諸課題として、「事務職員の大学間の人事交流が少なくなり、同一大学内での勤務が続き、新たな知識やノウハウを学ぶ機会が少なくなる傾向。2 年程度の短期間で様々な部署を異動することが多く、専門性の高いスタッフを養成していくことが困難」「企画力・コミュニケーション力・語学力の向上、人事評価に応じた処遇、キャリアパスの構築等を組織的・計画的に実行。例えば、国内外の他大学、関係機関、企業等での勤務経験での幅広い視野の育成や、大学院学習等での専門性の向上」「URA やアドミッション・オフィサー、カリキュラム・コーディネーターをはじめとする高度専門職や、事務職員等の経営参画能力向上のため、組織的な研修・研究（SD）を実施」が指摘されている。

10.3　SD を巡る諸側面

10.3.1　職員研修制度の変化

　SD は、組織的研修、OJT、大学院学習、他大学交流、異業種交流、自学自習など、幅広い方法により行われる。その中において、大学が組織的に行う職員研修制度が代表的である。本項では、国立大学法人化による新しい職員体系による職員研修制度の変化について取り上げる。法人化以前の国立大学は、文部科学省の一機関として位置付けられ、職員採用は国家公務員採用試験によっていた。法人化以降、職員の非公務員化に伴い、国立大学法人等職員統一採用試験によることとなった。また、職員のキャリアパスのあり方に変化が生じ、法人化以前の国立大学等勤務者は、「文部科学省による全国異動組」、「各国立大学等による内部異動組」という 2 つの異動形態を抱え、プロパー職員の幹部職員登用には一定の限界があった。法人化以降、職員の任命権が学長に一元化され、プロパー職員の幹部職員登用の機会が大きく拡大した（林，2008）。

　以上の国立大学法人化による新しい職員体系は、職員研修制度の変化を余儀なくした。従前の文部科学省や人事院が主催する公務員型研修制度からの分離を通して、大学職員として必要な知識・技能・態度にフォーカスした独自の研修制度を構築する必要性を迫られた。日常的な事務処理に対応するジェネラリスト養成型の職員研修に代わり、大学経営に貢献する高等教育リテラシーの育成や教職員・学生を支える資質向上のための SD の取組みにシフトしつつある。

10.3.2　大学院学習の実態

　大学経営に貢献する大学職員への期待が高まる中、大学職員に必要とされる専門知識・スキルのあり方が変化しつつある。従前の職員研修（階層別研修と専門別研修）で修得される事務処理能力の向上だけでなく、高等教育リテラシーを修得できる教育プログラムでの学習が必要かつ有効となってくる。我が国では、高等教育に関する大学院教育プログラムとして 1970 年代から広島大

学が研究者養成向けプログラムを提供していたが、2000年代に入り、桜美林大学、名古屋大学、東京大学などが大学職員向けプログラムを開設し、修了生を輩出しているほか、2013年度には、大正大学が学士課程において教育・学校経営マネジメントコースを開設している。東京大学大学院教育学研究科 大学経営・政策研究センター（2010）によれば、SDの機会として、大学院学習を選択している大学職員の割合は1割にも満たない。その反面、大学院学習機会を経験した大学職員の満足度は高い結果となっている（図10-3）。大学院学習の実態について、金子（2005）は「当面はむしろ自覚的な職員が個人的な犠牲を払って大学院教育を受けるという形態に頼ることになろう。そこに我が国のSDの致命的な制約がある」と指摘した。その背景には、大学院で学んだ専門知識・スキルを職場で活かせる環境が不十分なため、職員本人の学習意欲と現場での職責のギャップが存在する。

　なお、2000年以降、大学職員が大学院学習機会を得る傾向は少数派ではあるが、継続的に現職の大学職員が修士取得後、博士課程に進学・修了して大学教員にキャリアチェンジする事例が見られるようになった。このようなキャリ

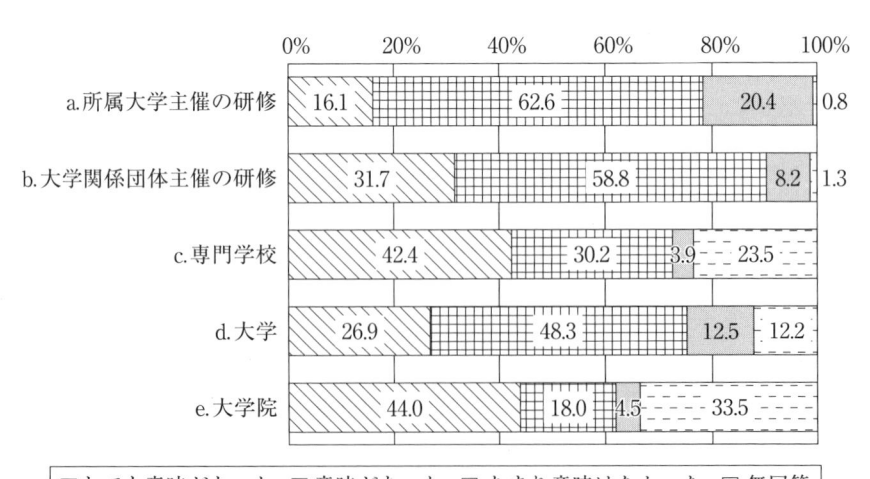

図10-3　大学職員が利用した学習機会の効果

（東京大学大学院教育学研究科 大学経営・政策研究センター『大学事務組織の現状と将来 ― 全国大学事務職員調査 ―（報告書）』2010年）

アパスでは、大学職員で培った経験知を活かし、大学教員として大学経営や教学マネジメントにおいて力量発揮するハイブリット型人材[2]の可能性を見いだすことができる。

10.3.3　高度専門職化の方向性

　中央教育審議会大学分科会「大学のガバナンス改革の推進について（審議まとめ）」（2014）では、「学長がリーダーシップを発揮していくためには、大学執行部が、各学部・学科の教育研究の状況を的確に把握した上で、必要な支援を行ったり、あるいは、大学執行部自らが、全学的な具体的方針を打ち出したりしていくことが前提となる。そのためには、例えば、前者の例として、URA（リサーチ・アドミニストレーター）[3] や IRer（インスティテューショナル・リサーチャー）[4]、産学官連携コーディネーター等を、後者の例として、アドミッション・オフィサーやカリキュラム・コーディネーター等の人材を、大学本部が配置することが考えられる」と言及し、SD の一環として、「高度専門職の安定的な採用・育成」が求められている。特に、URA や IRer については、2008 年の学士課程答申においてすでに例示され、その配置や育成が広がりつつある。

　URA については、2011 年度から開始された文部科学省による URA 整備事業の展開、各大学における外部資金獲得の組織的取組の強化の必要性等により、URA へのニーズが定着し、研究力向上のための専門的スキル発揮などの効果が見られる。文部科学省「「平成 25 年度大学等における産学連携等実施状況について」関連調査」によれば、2013 年度には 69 機関（大学、高等専門学校、大学共同利用機関法人）に URA が配置された。

　IRer については、エビデンス・ベースでの大学経営・大学教育の改善取組み、ビックデータによる詳細解析のトレンドなどの動向に加え、文部科学省における国立大学法人支援や私立大学助成の枠組における指標重視の方向性により、大学における IRer の配置が期待されている。「平成 24-25 年度文部科学省大学改革推進委託事業大学における IR（インスティテューショナル・リサーチ）の現状と在り方に関する調査研究報告書」（2014）によれば、IR 機能を有

する組織が国立 40.9%、公立 10.2%、私立 24.7%という状況の中で、IRer の配置と育成が積極的に進みつつある。

10.4 SD の意欲的な取組み事例

10.4.1 個別大学における SD プログラムの体系化（立命館大学の事例）[5]

職員研修プログラムとして質量ともに秀逸なのは、立命館大学・大学アドミニストレーター養成研修プログラムである。同大学では、2000 年度以降の全国での大学アドミニストレーター養成の大学院設置が相次ぐ中で、川本八郎理事長（当時）の指揮のもとに、大学院設置構想を検討し始めた。実践力が身に付く大学アドミニストレーター養成をコンセプトに検討を進め、同大学教員が設計した政策立案を目的としたプログラムを出発点として、2005 年度から大学幹部職員養成プログラム（2009 年度より、現在の大学アドミニストレーター養成プログラムと改称）を開始した。2005 年度〜 2012 年度までの期間において 100 名を超える受講実績を上げている。表 10-1 のとおり、事務組織の各部長等が大学行政論 I において講師を務め、学内の協力体制が整備されている。日常的に、部・課長は会議の席上等で発言を行う組織文化が醸成されており、同講義を通して、各部・課の職務内容が横断的に俯瞰できるということで

表 10-1　2014 年度前期 大学行政論 I 講義計画（抜粋）

テーマ（主題）〜主な内容〜	講師
大学の社会的使命	立命館総長
私の考える大学アドミニストレーター ― 立命館の課題をふまえつつ ―	立命館専務理事
2020 年以降を展望した学園ビジョンと基本戦略の方向性	総合企画部長
立命館大学における教学の現状と課題 ― 教育の保証と教育力強化 ―	教学部事務部長
立命館大学の研究政策の現状と課題 ― 研究を取り巻く厳しい環境の変化を乗り越えて ―	研究部事務部長
立命館大学の国際化展開	国際部事務部長

（立命館大学大学行政研究・研修センター HP 掲載の大学行政論 I・II 講義計画より作成。http://www.ritsumei.ac.jp/mng/dgc/admini/admini.html, 2015 年 11 月 1 日確認）

受講生に好評である。学内で豊富な管理職経験を持つ専任研究員による、きめ細かい指導助言が、本プログラムを大きく支えている。高等教育はもとより、情報分析等の基礎知識を鍛錬し、受講者の上司等に政策立案するとともに、政策立案論文は学内紀要に掲載・公表される。政策立案の幾つかは現場において実践されている事例がある。

　研修プログラムは、知識詰め込み型ではなく、受講者の行動変容を促し、ひいては大学の組織力や教育力向上に資することを目的としている。個人の行動変容が、一つのロールモデルとなることを目指しており、その効果は、組織そのものの変容にもつながると大学は考えている。具体的には、研修の効果測定について、受講後の行動変容について、受講者本人及び上司が評価している点である。表 10-2 は、受講生とその上司への評価アンケート結果一覧であり、全学的な視点や高等教育情勢の視点などが養われている。

表 10-2　プログラムの効果検証調査（第 3 期〜第 7 期生対象）
仕事の視点について

項目	受講生自身		上司		受講生と上司	
	回答数	割合	回答数	割合	回答数	割合
a.　調整、相談等、関連部課との関係で仕事を考える	21	38%	21	40%	9	17%
b.　全学的な視点で仕事を考える	26	46%	21	40%	11	21%
c.　全学園の視点で仕事を考える	32	57%	14	26%	7	13%
d.　競合校など、他大学等の動きと関連付けて仕事を考える（「他大学（競合校）の視点」）	26	46%	20	38%	10	19%
e.　高等教育等、教育をめぐる情勢や行政の展開と関連付けて仕事を考える（「情勢の視点」）	38	68%	15	28%	12	23%
f.　教育以外の社会の動きと関連付けて仕事を考える（「社会（性）の視点」）	24	43%	17	32%	10	19%
g.　その他の視点	11	20%	12	23%	4	8%
有効回答者数	56	−	53	−	53	−

（伊藤、2013）

10.4.2　大学間連携を通した SD の展開（大学コンソーシアム石川の事例）

　大学コンソーシアム石川（石川県金沢市）は、石川県内の 20 の高等教育機関が連携する組織であり、石川県などの支援を受けながら、2008 年度に設立され、2012 年度から一般社団法人化した。同コンソーシアムの SD 活動は、2008 年 8 月開催の大学コンソーシアム石川 FD 研修会の分科会の一つとして、「教職協働 ― SD の必要性 ―」と銘打った分科会を筆者自身が企画したのが端緒であった。大学コンソーシアム石川の事業の中心は、当初、シティカレッジという単位互換事業であった。2008 年度採択の文部科学省・戦略的大学連携支援事業「共通の教養教育機関と ICT 教育支援体制の構築」において、当初、細々と始まった FD・SD 事業であったが、2011 年 3 月公表の戦略 GP 事業報告書では、「当初の目的・目標に対して想定以上の成果が上がったと、評価することができる」という自己評価を行った。

　大学コンソーシアム石川の FD・SD 事業の展開を下支えした大きな要因は、SD 事業のニーズ発掘[6]であった（図 10-4）。また、大学間連携を通した SD の重要なポイントは、地域の国立大学が保有する教育研究資源や人的ネットワークを公立・私立大学（特に小規模大学）に提供し、地域の大学群の基礎体力を高め、地域としての人材育成力を底上げすることにある。その点から、大

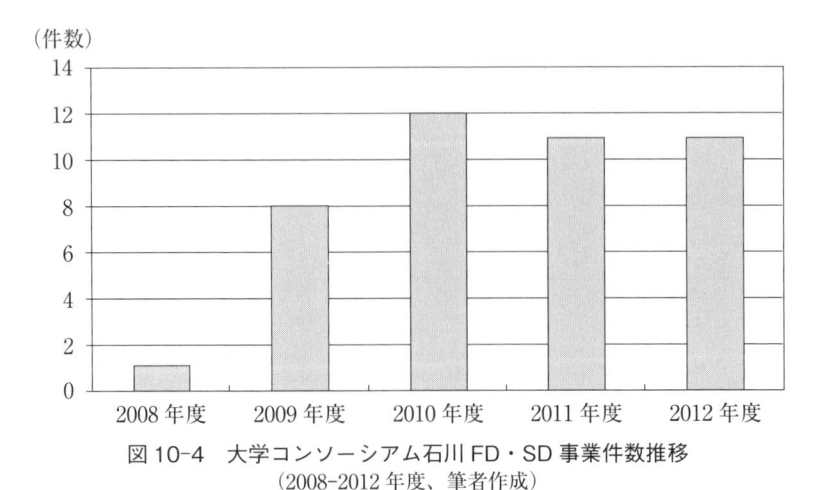

図 10-4　大学コンソーシアム石川 FD・SD 事業件数推移
（2008-2012 年度、筆者作成）

学コンソーシアム石川における SD の展開は、地域の大学職員ネットワークを組織・職階・世代を超えて広げ、各大学の SD 活動の活性化・強化に繋がった。その結果、2012 年度に採択となった文部科学省・大学間連携共同教育推進事業では、地域の大学教職員のブレーンストーミングにより、「学都いしかわ FD・SD 共同教育プログラム基本枠組」[7] を作成する基盤力を備えるに至った。

　大学コンソーシアム石川における SD 展開の事例では、大学間連携を通して、地域の国公私立大学職員が SD に関する共通課題を見いだし、協働で研修企画、情報交流する場づくりを創出し、継続性を担保する世代間を超えたつながりを生み出したプロセスに関し評価できる。このプロセスは、他の地域での大学間連携を通した SD 展開に転用可能である [8]。

10.5　SD の課題と展開

　戦後の大学職員の歩みは、3 つの時代に区分することができると考える。まず、SD という言葉が存在せず、大学改革に齟齬することのなかった 1990 年代以前、大学職員としての資質や地位向上に熱意を燃やした「第一世代」が存在した。次に、1990 年代以降（特に 2000 年以降）、大学改革が激化する中で、SD という言葉の誕生や大学院学習の機会提供などに意欲を燃やし、大学職員としての専門性向上やネットワーキングを進めた「第二世代」が出現した。さらに、国公立大学の法人化以降の新しい採用枠組や私立大学の個性化促進の厳しい時代環境の中で、大学職員となった「第三世代」が活躍しつつある。特に、近年では、大学職員の職種の人気が大衆メディアに取り上げられ [9]、一部の大学の職員採用試験では数十倍の倍率という狭き門になっているほか、朝日新聞出版『大学ランキング』では大学職員に関する項目が設けられ、社会的認知度は確実に増している。

　新しい世代の大学職員が育つ中で、SD の今後の展望は、個人スキル向上に焦点を当てるだけに留まらず、組織における人間関係スキル向上が大切になってきている。多様な構成員やステークホルダーとの関係性を通した大学経営や

大学教育が求められる中で、協働しながら課題解決に当たるための場づくりが重要である。そのため、FD・SD を超え、学生を含めた構成員をつなぐ組織開発（OD: Organizational Development）の概念が必要である（図 10-5）。

　例えば、山口大学では、教職学協働型の共育ワークショップを組織開発プログラムと位置づけ、教員・職員・学生が一緒になり、大学の教育理念を共有し、教育改善に関するアイデア提案を行う取組みに関わることで、組織力・教育力の向上に貢献する場づくりを創出している。大学職員が同取組みに関与することで、教学マネジメントにおける自らの役割、教員や学生との関係性を自覚することに役立っている。

　我が国の大学の組織力向上がこれまでになく問われている。大学経営を支える人材の多様化・複雑化の狭間で、大学職員の存在意義は厳しく問われ、その職責に応じた SD のあり方を検討し直す時期に差し掛かっている。

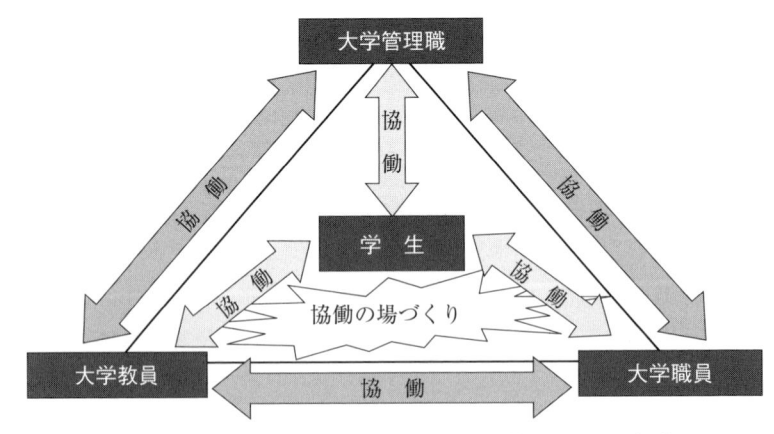

図 10-5　我が国の大学組織開発（OD）の基本フレーム概念図
（筆者作成）

注
1)　大学職員とは、事務職員、技術職員など、教員外職員を指す。なお、本章では「大学職員」または「職員」と記す。
2)　大学経営や大学教育の複雑化・高度化に伴い、従来型のキャリアパスを経てきた大学教員や大学職員では力量が十分発揮できない環境が増している。そのため、教育研究と管理運

営の両方の知見と力量を併せ持ったハイブリット型人材の有効性が予見される。当該ハイブリット型人材に該当する者として、大学職員時代に大学院学習・学位取得して大学教員にキャリアチェンジするものに着目しておく必要がある。英国では、Celia Whitchurch, が"Blended Professionals" を提唱している。

3)　URA（University Research Administrator）とは、競争的資金の獲得・管理を中心として、産学連携や法規制対応等を含めた研究の管理を行う専門職をいう。

4)　インスティテューショナル・リサーチャー（Institutional Researcher,"IRer"）とは、IR 活動に従事する者をいう。IR の詳細については、第 3 章を参照されたい。

5)　2013 年 2 月に立命館大学大学行政研究・研修センター副センター長（当時）伊藤昇氏、同専任研究員（当時）本村廣司氏にインタビューを行った。

6)　筆者は、大学コンソーシアム石川教職員研修専門部会副部会等を歴任し、2008 ～ 2012 年度において大学コンソーシアム石川 FD・SD 事業を企画する立場にあり、図 10-4 に示す実績を積み重ねた。

7)　「学都いしかわ FD・SD 共同教育プログラム基本枠組」は文部科学省大学間連携共同教育推進事業「学都いしかわ・課題解決型グローカル人材育成システムの構築」の一環として作成、地域の大学教職員に必要とされる知識やスキルを体系化したもの。同事業ウェブサイト（http://gakuto.ucon-i.jp/wp/wp-content/uploads/2015/02/FDSDkyoudoprogramframe.pdf, 2015 年 11 月 1 日確認）を参照。

8)　林（2014, 2015）に示すとおり、大学コンソーシアムいしかわで培った経験知を大学コンソーシアムやまぐちに転用し、実践・成果を挙げている。

9)　週刊雑誌『AERA』（朝日新聞出版 2010 年 9 月 12 日号）において、「大学職員になりたいブランド力向上に貢献数千人応募の狭き門」が掲載された。

参考文献

朝日新聞出版『大学ランキング 2016 年版』2015 年。

伊藤昇「大学幹部職員（大学アドミニストレーター）養成プログラムの記録（2005 ～ 2012 年度）」『大学行政研究』第 8 号、立命館大学大学行政研究・研修センター、pp.171-188、2013 年。

大場淳「大学の教員外職員」『SD の制度化に関する研究（COE 研究シリーズ 30）』広島大学高等教育研究開発センター、pp.1-24、2007 年。

大場淳「大学職員の位置」広田照幸、吉田文、小林傳司、上山隆大、濱中淳子編集『シリーズ大学 6 組織としての大学 ― 役割や機能をどうみるか』岩波書店、pp.145-168、2013 年。

大場淳、山野井敦徳『大学職員研究序論』高等教育研究叢書 74、広島大学高等教育研究開発センター、2003 年。

金沢大学「戦略的大学連携支援事業採択プログラム事業報告書（取組名称：大学コンソーシア

ム石川を中心とした共通の教養教育機関と ICT 教育支援体制の構築）」2011 年。

金子元久「大学のスタッフディベロップメント」『IDE 現代の高等教育 No.469　SD/ 大学職員の能力開発』IDE 大学協会、pp.11-17、2005 年。

大学審議会「大学運営の円滑化について（答申）」1995 年。

中央教育審議会「我が国の高等教育の将来像（答申）」2005 年。

中央教育審議会「学士課程教育の構築に向けて（答申）」2008 年。

中央教育審議会大学分科会「大学のガバナンス推進に向けて（審議まとめ）」2014 年。

東京大学大学院教育学研究科 大学経営・政策研究センター「大学事務組織の現状と将来 ― 全国大学事務職員調査 ―（報告書）」2010 年。

東京大学大学総合教育研究センター「平成 24-25 年度文部科学省大学改革推進委託事業 大学における IR（インスティテューショナル・リサーチ）の現状と在り方に関する調査研究報告書」2014 年。

林透「国立大学法人職員のキャリアパスと能力開発に関する一考察」『大学行政管理学会誌』第 11 号、pp.223-234、2008 年。

林透「未来に向けて大学として何をすべきか〜山口大学 SD セミナー 2013 レポート〜」『大学マネジメント』9（12）、pp.23-29、2014 年。

林透「大学職員の企画力が大学を変える〜山口大学・大学コンソーシアムやまぐち SD セミナー 2014 レポート〜」『大学マネジメント』11（1）、pp.40-46、2015 年。

文部科学省「「平成 25 年度大学等における産学連携等実施状況について」関連調査」2014 年。

文部科学省「大学における教育内容等の改革状況調査（平成 25 年度）」2015 年。

山本眞一「これからの大学事務職員のあり方」山本眞一編『SD（スタッフ・ディベロップメント）が支える強い大学づくり：大学職員は何を学び、それをどう生かすか？』文葉社、pp.2-21、2006 年。

山本眞一編『SD（スタッフ・ディベロップメント）が変える大学の未来：大学事務職員から経営人材へ』文葉社、2004 年。

Celia Whitchurch, "Reconstructing Identities in Higher Education - The rise of Third Space professionals", Society for Research into Higher Education（SRHE）series, 2013

第 11 章

国際教育交流と大学の戦略

11.1　国際教育交流における経営戦略の必要性

　「国際化」という言葉が頻繁に使用され、「グローバル化」という言葉が定着した。近年、我が国における少子高齢化問題、それに付随する労働力不足が生じ、これに伴って、高度人材育成とその獲得は喫緊の課題となっている。同様の問題は海外でも起きており、人材獲得競争が世界中で激化している。我が国の大学においては、グローバル社会で通用する人材育成が命題となり、大学経営において国際教育交流に関わる事業がその要となっている。

　このようななか、大学は経営戦略を立てるにあたり、どのような目標を立て、何を改革し、あるべき将来像を描いているのか、また描かなければならないのか。工藤ほか（2014）は、大学の国際化の課題の一つとして、建学の精神や大学憲章に立ち返って各大学の主体性とビジョンの再検討を行うべきだと提案している。政府より1983年に提言が出された「留学生受入れ10万人計画」[1)]から2014年の「スーパーグローバル大学創成支援事業（TGU）」[2)] に至るまで様々な政策があったが、これらに基づき国際化を推進してきた各大学は、独自の大学のあり方を模索していくことが迫られている。

　本章では、このような議論を背景にしつつ、大学の経営戦略における国際教育交流の "これまで" と "これから" を考える。まず、我が国の大学における国際教育交流の潮流について歴史的に概観しながら、近年の動向について講述する。次に、国際教育交流分野における経営戦略の課題や将来的な展望につい

て整理する。最後に具体的事例を提示しながら、国際教育交流をどのように大学経営戦略に取り入れていくかについて考察する。

11.2 国際教育交流に関わる動向や環境

11.2.1 高等教育における「国際化」と「グローバル化」

　現在、情報システム・交通手段の発達、新興国・発展途上国の台頭、そして世界的な中流階級層の人口増加が著しく、国や人が相互依存する時代を迎えている。「国際化」と「グローバル化」という言葉が様々な分野で頻繁に使用されているが、この用語は多義性を持っている。そのため、高等教育分野におけるこれらの定義を理解する必要がある。「国際化」と「グローバル化」について説明した学術文献は数多くあるが、高等教育研究では、Jane Knight（2008）の定義が一般的に広く用いられている。

> Internationalization at the national/sector/institutional levels is the process of integrating an international, intercultural or global dimension into the purpose, functions or delivery of higher education at the institutional and national levels. （Knight, 2008: p.21）

　この定義では、「大学の国際化」とはグローバルな特質や局面を統合する「プロセス」であるとし、多様な物事（例えば、政治、経済、情報システム等）が国境を超えて広がり、国や人が相互依存する意味の「グローバル化」とは区別している。「グローバル化」は「国際化」を促進（グローバル化は国際化の触媒）し、「国際化」は「グローバル化」の反応装置であると指摘している（Knight, 2008）。つまり、大学経営戦略に置き換えた場合、「大学の国際化」が進むと、国際とはこれまで関わりの薄かった部署や業務において、国際性を考慮しなければならない事案が出てくる現象がそうと言える。我が国においては、近年話題になっている高等教育機関の学年暦改変の議論（秋入学やクォーター制導入）はその一例であり、主に欧米を中心とした学年暦を意識し、学生交流を円滑にするための改革が国際化の結果と言える。また、大学組織も国際

化を推進することが求められ、そのためには一定の資金と人材を投入して組織全体の変革が必要とされるが、実際にはそれができていない。背景には、これまで個々の大学が展開する国際業務の多くが出島型プロジェクト[3]であるという現実があり、現在もそこから脱却できていないことが指摘されている（芦沢, 2013）。

11.2.2　国際学生流動の推移と留学生の定義

　世界的な「大学の国際化」の動きとともに、国境を超えて高等教育を受けようとする学生（国際学生流動）は年々増加している。一般的に、国境を越えて教育を受ける理由は、①　自国にはない学習・研究環境、②　学位取得等による、より高い将来キャリアの追求、③　自国には何らかの理由で滞在が困難（政治的理由や内乱など）等である。第二次世界大戦後、先進国間の経済成長や途上国支援に取り組んでいる経済協力開発機構（以下、OECD という）は1970 年代より参加国の国際学生流動の統計を取り始めている。1985 年は 110万人であったのに対して、2005 年には 300 万人、2012 年には 450 万人に達している（OECD, 2014）。今後もこの数は増加していくと予想されている。

　この国際学生流動の主体である「留学生」の定義は、国や組織によって異なり、世界的に統一したものは現在ない（小林, 2008）。例えば、2004 年以降の OECD の統計では、学業目的で国境を越えて高等教育機関に在籍する「留学生」（international students）と在籍する高等教育機関の国の国籍や永住権を持たない「外国人学生」（foreign students）と区別して統計を出している。また、留学生の最大受入れ国である米国では、「アメリカ合衆国の高等教育機関に在籍しているアメリカ市民（永住権を有する者を含む）以外の者」を「留学生」として定義している（Institute of International Education, 2014）。

　我が国では、外国人留学生は「出入国管理及び難民認定法」（入管法）に基づいて「我が国の大学（大学院を含む）、短期大学、高等専門学校、専修学校（専門課程）及び我が国の大学に入学するための準備教育課程を設置する教育施設において教育を受ける外国人学生」と定義されている（日本学生支援機構, 2015a）。我が国からの海外留学に関しては、日本学生支援機構（以下、

JASSO という）の基準では、「海外の大学等における学位取得を目的とした教育又は研究等のほか、学位取得を目的としなくても単位取得が可能な学習活動や、異文化体験・語学の実地習得、研究指導を受ける活動等」を行う学生を海外留学者として計上している（日本学生支援機構，2015b）。

11.2.3 我が国における外国人留学生数

　我が国の高等教育機関に在籍する外国人留学生は、JASSO の調査によると、2014 年 5 月 1 日現在で139,185 人となっている（図 11-1）。21 世紀までに留学生を 10 万人受け入れるという「留学生受入れ 10 万人計画」は、紆余曲折を経て 2003 年に 10 万人を達成し、現在は、2008 年に発表された「留学生 30 万人計画」[4] に基づき 2020 年までに 30 万人の受入れを達成すべく、政策が打ち出されている。

　外国人留学生の出身国・地域については、2013 年までは中国、韓国などの東アジアからの留学生が大多数を占めていたが、近年は東南アジア地域からの留学生が急増している。2014 年には中国と韓国が引き続き大多数を占めながらも、ベトナムが 3 位、ネパールが 4 位に台頭している。しかしながら、我が国における外国人留学生の約 90% がアジア地域出身であることに変化はない。他方、数週間から 1 年程度という短期間我が国に滞在する短期・交換留学生数という側面から見ると、アジア出身者の比率が約 60%に下がり、代わりに欧米出身者の比率が約 35%まで上昇している。このことから、アジア圏の学生は我が国の大学へ学位取得目的に留学しており、欧米圏の学生は、単位取得、日本語・日本文化学習、異文化体験を目的として我が国へ短期留学するケースが多いといえる [5]。

11.2.4 日本人の海外留学者数

　我が国からの留学生の送り出しについては、統一した定義がなく、文部科学省と JASSO はそれぞれの定義に基づいたデータを公表している（図 11-1）。文部科学省が発表する「日本人の海外留学者数」は、OECD「Education at a Glance」、ユネスコ文化統計年鑑、IIE「Open Doors」、中国教育部、台湾教

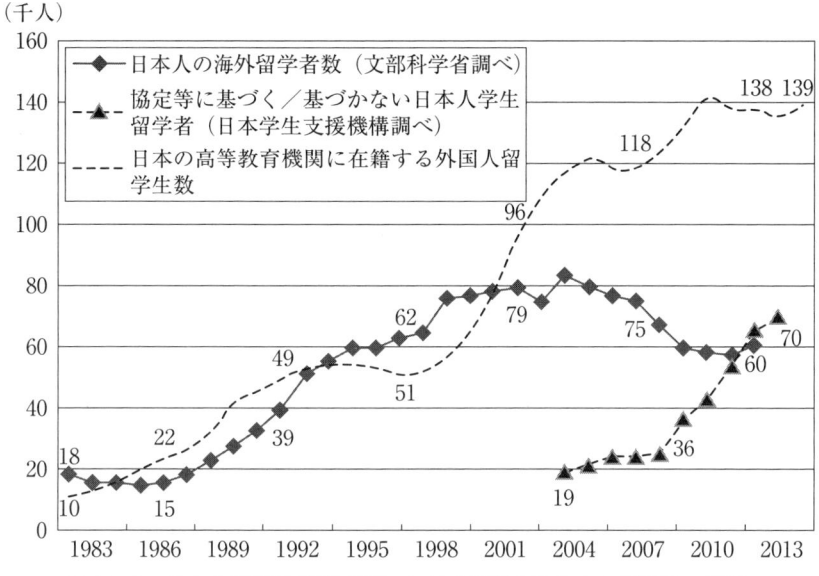

図 11-1　日本の高等教育機関等における留学生受入れと派遣数の推移
（文部科学省及び日本学生支援機構ウェブサイトのデータを参考に筆者が作成）

育部が公表している数字を擦り合わせたものである。この統計には、それぞれ異なった我が国の「留学生」の定義が混在しており、比較的中長期間の海外留学者（交換留学や学位取得目的）の数が多く含まれているとされている。この統計によると、2004 年のピーク（82,945 人）を境に、海外留学者数が減少し、2011 年には 57,501 人まで落ち込んだ。この原因は、「家計状況の悪化」「若者の内向き志向」「少子化」「就職活動期間」「語学力」など、様々な要因があるとされている（太田，2013）。しかし、2012 年では 60,138 人と若干増加に転じ、これまで米国が派遣先国の 1 位（2011 年、19,966 人）であったが、2012 年に中国が 1 位（21,126 人）となり逆転している。

　一方、JASSO は「協定等に基づく／協定等に基づかない日本人学生留学状況調査」を我が国の高等教育機関に対して毎年調査し、11.2.2 で述べた同機構の海外留学の基準に沿って集計している[6]。文部科学省の統計とは異なり、交換留学や学位取得目的以外に、留学先大学附属の語学学校や私立語学学校で

の語学学習、また、海外大学や機関と提携して実施される学術的な実地研修（フィールドワーク、ボランティア、インターンシップ等）に参加する大学生も含まれている。そのため短期間（1〜2週間程度）のスタディツアーのようなものも「海外留学」として報告されている。この統計では、年々海外留学者数が増加している。留学先国としては、米国、カナダ、英国、オーストラリアの順位で、英語圏の国が留学先の大多数を占めるが、これまで留学先の主要国ではなかった東南アジア地域への留学も増えており、東南アジアをフィールドとした実地研修等の影響も大きいと考えられる（星野，2015）。

11.3　我が国の高等教育機関の国際教育交流に関する政策展開

　我が国の「大学の国際化」に関する政策は、外国人留学生をどのように受け入れ、日本人をどのように海外に派遣していくかに主眼が置かれている。そのための環境・施設整備、奨学金・教育プログラムなどの制度設計、海外大学との交流活動を中心に議論がなされてきた。1983年の「留学生受入れ10万人計画」が一つの起点となり、外国人留学生受入れが先行してきたが、日本人海外留学者数が減少に転じ始めた2005年から徐々に日本人の海外留学にも重点が置かれ始めた。現在は受入れと派遣が表裏一体となった政策が多くみられ、奨学金、受入れ、派遣、教育・研究、組織改革といった政策と事業に分けられる（表11-1）。各政策が、単一的に打ち出されているのではなく、それぞれが重なり、関連していることも留意したい。

　近年は、毎年のように「大学の国際化」に関する政策・事業が文部科学省から発表されている。特に2014年から官民協働海外留学支援制度：「トビタテ！留学JAPAN日本代表プログラム」[7]が設立され、日本人の海外留学推進に拍車がかかっている。その一方で、補助金事業に採択された大学の多くは、旧帝国大学や大都市部の有名私立大学などの旗艦大学[8]等に限られ、地方にある大学や小規模大学では、国際化に向けて積極的に取り組もうとしても資金不足が理由で国際化戦略が打ち出せない場合がある（安達，2015）。さらに、補助金事業終了後は大学が自前の予算で事業を継続することを求められるが、事業

表 11-1　1980 年以降の文部科学省が関係する主な国際教育交流政策

年	政策・提言・答申等	奨学金制度（受入・派遣）	関連する事業
1983	留学生政策懇親会：「21 世紀への留学生政策に関する提言」（留学生受入れ 10 万人計画）		
1984	留学生問題調査・研究に関する協力者：「21 世紀への留学生政策の展開について」		
1994	21 世紀に向けての留学生政策に関する調査研究協力者会議：「21 世紀を展望した留学生交流の総合的推進について」		
1995		「短期留学推進制度」（派遣・受入）	
1999	留学生政策懇談会：「知的国際貢献の発展と新たな留学生政策の展開を目指して — ポスト 2000 年の留学生政策」		
2000	大学審議会答申：「グローバル化時代に求められる高等教育の在り方について」		
2002		「最先端分野学生交流推進制度」（派遣）	「21 世紀 COE プログラム」（教育・研究推進）
2003	中央教育審議会答申：「新たな留学生政策の展開について」		「特色ある大学支援プログラム（COL）」（国際教育事業含む）
2004		日本学生支援機構；「奨学金貸与制度」（派遣）	
2005		「長期海外留学支援」（派遣）	「大学国際戦略本部強化事業」（組織体制整備等）
2007			「グローバル COE プログラム」（教育・研究推進）
2008	文科省、外務省、法務省、厚生労働省、経済産業省、国土交通省：「留学生 30 万人計画」骨子		
2009		「留学生交流支援制度（短期受入れ・長期派遣・短期派遣）」	「国際化拠点整備事業（グローバル 30）」（主に受入）
2011			「大学の世界展開力強化事業」（派遣・受入）
2012			「グローバル人材育成推進事業」（派遣）
2013	「世界の成長を取り込むための外国人受入戦略」		「国立大学改革プラン」（組織／体制改変等）
2014	「若者の海外留学促進実行計画」	「海外留学支援制度（短期受入れ・長期派遣・短期派遣）」「官民協働海外留学支援制度（派遣）」	「スーパーグローバル大学創成支援事業」（教育・研究・派遣・受入）

（文部科学省、日本学生支援機構および日本学術振興会ウェブサイトを参考に筆者が作成）

を継続できなかったり、極端な縮小に転じたりする場合がある。一部の大学だけが国際化すればよいのか、それとも我が国の大学全体が国際化していくべきであるのか、大学が自力で継続的に事業を進めていくにはどうすればよいのか、政府・大学関係者等で議論が続いている。

11.4 大学の国際教育交流の経営戦略

11.4.1 戦略①：留学交流戦略 ― 留学生の受入れ、派遣 ―

「外国人留学生数＝大学の国際化」は誰しも思い浮かべるイメージであり、各大学はその数を増やすべく目標値を設定している。世界的な大学ランキング[9]においても、外国人留学生受入れ数は重要な指標となっている。かつての留学生送り出し国であったアジアの国々のなかでは、留学生を受入れ、質の高い教育を英語等で提供できる基盤が形成されつつあり、実際多くの留学生受入れ実績のある大学も存在する。このように、留学生獲得競争は一層激化しているといえる。

受入れ留学生数目標達成のための具体的な策は、大学によって様々である。例えば、「教授言語が英語によるコースを設置することで、日本語というバリアを取り除くことにより、より優秀な学生の確保に努める大学」「学術交流協定を締結し、協定大学から1年未満の短期留学生を確保する大学」「サマープログラムなどに代表される、1〜数週間程度の体験型プログラムに重点を置いている大学」がある。さらには、「大学が海外に設置したオフィス等で入学試験を行い、渡日前入学許可を出す現地入試」「留学生リクルーティング専門エージェントの使用」「現地高校からの指定校推薦」「国内外日本語学校からの推薦」「現地の高校、大学における入学説明会」「各種機関主催の日本留学フェアへの参加」など、留学生獲得方法は年々多様化している。数ある手段のなかで効率のよいリクルーティング手法の一つが、大学が公開しているウェブサイトの充実であろう。日英二言語による豊富な情報提供はもとより、留学費用の出資者である留学生の両親など関係者の閲覧を想定した多言語によるページ作りなどの工夫が不可欠である。

　しかしながら、国際業務運営は持ち出しが多く、実際のところ大学の経営としては赤字部署でもある。国の政策とはいえ、留学生受入れ数が増加したところで、個々の大学、国際とは関係のない部署に何のメリットがあるのだろうか。我が国の大学を対象に行った調査（横田ほか，2006）では、留学生受入れに際して重視している事項として「日本人学生の国際性・意識（異文化理解等）の涵養」「大学の教育・研究レベルの向上（優秀な留学生の獲得）」「日本を理解する（知日派・親日派）外国人を養成」「国際平和・友好に貢献」などが上位であった。この結果を見る限り、留学生受入れが単に目標数値の達成や定員充足のためとは考えられていないことが分かる。留学生の存在が日本人学生や大学全体に及ぼす影響は計り知れず、国際教育交流業務に関わる教職員は受入れのメリットを学内の関係者（特に上層部）に説明し、あるいは証明し、理解を求めていく活動とそれに必要な能力や専門性が求められる。

　近年、日本政府が受入れ・派遣留学生政策を共に重視する背景には、加速するグローバル社会において、我が国の国益に貢献する人材を育成し、確保したいというねらいがある。この人材というのは日本人であり、我が国に留学した外国人留学生である。したがって、大学における国際教育交流業務は、留学生受入れ、学生派遣どちらか一方の業務に偏り、国際化戦略を計画することはあってはならない。外国人留学生受入れと日本人の海外留学は「大学の国際化」を推進していく車の両輪の関係であることを理解しなければならない。

　具体的には、派遣留学プログラムがどのように自大学の外国人留学生受入れ（入学）に連動するかを議論して、企画立案する必要がある。とりわけ、大学のもつ協定校への交換留学プログラムは重要である。我が国から派遣された学生が留学先大学の学生と交流することで、現地の学生が我が国や自大学に興味を持ち、将来、彼らが自大学に留学することもあり得る。また、留学先国でそれぞれの大学から派遣された日本人学生がオールジャパンとしての広報活動を担える可能性も秘めている。一大学のみでなく、我が国の大学全体への波及効果が期待できるのである。このような連動を活性化させるためには、国際教育交流担当者が受入れと派遣の業務をバランスよく担い、または業務情報を共有していくなど部内での方針が必要となってくる。

11.4.2　戦略②：国際教育交流部署の人材 ― 獲得、養成、外部委託 ―

　大学経営戦略の一つとして、大学は、その部署、業務内容に相応しい人材を雇用・配置し、職能開発し、時には外部に協力を求めていかなければならない。

　前述したとおり、国際教育交流業務の多くが出島型プロジェクトのため、それを担う担当者の構成は複雑になっており、以下のような問題点が指摘できる。第1に、外部資金（文科省のプロジェクト事業等）で雇用する際、すでに専門性や経験をもった「即戦力」人材をスポット的に雇用し、任期付き教職員として配置しがちになる。この場合、教職員の職能開発は必要とされず、彼らは任期終了と共に大学を去る。そして次の外部資金が採択されれば、新たな「即戦力」人材を採用する。このサイクルを繰り返すため、国際教育交流の長期的視野をもった計画・実施が困難となる。

　第2に、外部資金で雇用された「即戦力」教職員と既存の教職員とがうまく業務連携されにくい。「即戦力」教職員は海外との折衝やプログラム開発などの専門的な業務を担い、大学職員として採用され数年ごとに人事異動がある正規職員は大学内のルーティン化した業務のみを担当する業務分担に陥りがちになる。このような状況においては、正規職員の国際教育交流に関する能力向上の機会はますます失われ、国際教育交流部署に専門的知識やノウハウが蓄積されないだけでなく、専門性をもった人材が蓄積されず、組織力の強化につながらない。

　第3に、国際教育交流担当者が、大学によって教員の場合と職員の場合があり、雇用形態が異なることがある。この背景には、そもそも日本における大学職員の定義が曖昧であること、「教員」か「職員」かという二分法になっていることが指摘でき（大場，2014）、こういった状況が教員外職種の高度化を妨げ、大学組織を弱体化させる原因となっている（舘，2008）。海外では、third spaceと呼ばれる教育・研究部分と実務部分にある程度精通した専門職人材が存在する。我が国の大学では、任期付き「即戦力」教職員がこれに当たると言えるが、地位が確立されていないのが現状である。

　第4に、外部資金で「教員」として雇用された者のなかには、実務能力や

経験は十分にあるものの、教育・研究活動に関心の薄い者もいる。もちろん、これらの活動に熱心な教員もいるが、業務の100%を教育・研究活動に割ける教員と異なり、国際化戦略の立案、プログラム開発、学生のケアやサポートといった実務面が重視されるため、周囲から教員扱いされないケースもあり、複雑な思いをもつ者もいる。教員間でも足並みが揃っておらず、国際化戦略やミッションを立てにくいこともある。

　上記のような事情と問題から判断して、国際教育交流業務には、教育・研究・実務的な業務をバランス良く行いながら、大学の国際化推進に貢献できる人材が求められるといえる。大学は、多様な背景や経歴をもった個々の強みを活かせる適切な人員配置や業務分担を行い、「即戦力」教職員のキャリア形成を支援し、正規職員の職能開発を行うことが必要である。

　他方で、国際関係の業務範囲が拡大し、受入れ留学生数、派遣学生数が増加しているにもかかわらず、それにあわせて予算が増えることは期待できず、学生のニーズに応えるだけのサービスを提供する余裕がないのが現状である。予算削減による大学業務のアウトソーシング化は国際教育交流部署においても進んでいる。国際学生宿舎の運営や海外留学の手続きを一括して外部の企業に委託するケースも散見されるが、学外、つまり地域を巻き込むことにより、大学や担当者の業務軽減を果たすこともアウトソーシングの一つといえる。学外の連携については、近年、「多文化共生」という言葉が頻繁に用いられるようになっており、自治体レベルにおいて多文化共生社会の実現に向けた制度改革、種々のプログラム提供などの取組みがみられる。留学生は地域に居住する一市民であり、多文化共生社会実現の担い手ともいえる。大学が行う連携の実践例としては、地域の学校等に留学生を講師として派遣し、多文化理解の促進を目指した国際理解教育への協力がある。また、留学生の宿舎と近隣住民の交流を基にした国際理解交流、地域ボランティアによる留学生の支援・交流、自治体とタイアップしたホストファミリープログラムなどがある。国際交流で街を活性化しようとする自治体[10]も増えており、留学生と地域を結ぶパイプ役を果たしている。

11.5 国際教育交流における戦略的事例
─担当者の職能開発と組織改革─

　国際教育交流部署における職能開発と組織改革を戦略的に行っている大学の事例を紹介する。A大学は、職員を海外の大学院で学ばせ、修士号を取得させる職能開発制度を設けており、留学費用は大学が負担している。この制度を利用した国際部職員の一人は、留学前は外国人・派遣留学生と直接関わる業務を担当していたが、修士号取得後は、大学の国際戦略や長期計画の企画を担う部署に配置されている。入職後しばらくは学生交流の現場で経験を積ませ、キャリアアップとしての高位学位を取得した後は、大学全体の国際に関わる経営戦略を担わせており、大学が職員に対してキャリアパスを提示している例といえる。このような制度があるA大学は、国際化拠点整備事業（G30）やスーパーグローバル大学創成支援事業（TGU）等の複数の文科省の補助金に採択され、国際色豊かな大学として知名度と実績を上げている。

　B大学は、正規職員を採用する際、一般職員枠と国際部職員枠に分けて採用を行っている。国際部職員枠は、国内外の大学の修士号を持つ者や海外の大学を卒業した者が多く採用され、国際教育交流のスペシャリストとして活躍することが期待されている。この枠で採用された者は極力人事異動をさせない等の配慮がなされている。これらの職員は、積極的に国際教育交流関係の国際大会（NAFSA、EAIE、APAIE[11]）に参加し、海外協定大学との折衝や新規協定大学を開拓することが任務とされている。B大学は、この採用と人員配置の仕組みを20年以上前から段階的に取り入れ、留学生受入れ・派遣数においては、我が国の大学の中で毎年上位に位置している。この枠で採用されたある職員は、米国大学及び大学院で学び修士号（M.A.）を取得し、米国内の大学等で国際教育交流分野において業務経験積んだ後に採用された。採用後、11年間国際教育交流部署から他部署への人事異動はなく、職位は他の職員と変わらず上がっている。

　上述の事例のように、大学の国際教育交流を強化する経営戦略として、職員

の能力向上や経験を考慮した制度があり、比較的長く国際教育交流業務に携わ
れることもある。しかし、このようなケースは未だ稀である。大学職員という
立場で働く以上、現状では数年ごとの人事異動は避けて通れない。また、職員
という立場上、業務に関する権限がないことで、仕事に対するモチベーション
を下げる事例もある。そう感じる職員は転職して業種を変えたり、教員となっ
て引き続き業務に携わることもある。これらはすべて個人の判断に委ねられて
いる。国際教育交流担当者本人にとってはキャリアアップに過ぎないが、大学
にとっては優秀な人材の流出であり、損失である。国際教育交流を大学の「売
り」として広報し、実績を上げていくには、より優秀な人材の獲得に努め、雇
用した優秀な教職員が転出せずに、能力を発揮できるための人事政策・活用方
法が重要な経営戦略となる。

注

1)　同計画は、中曽根首相（当時）によって進められた政策であり、達成目標の 10 万人は当
　　時のフランスが受け入れている外国人留学生人数を参考にして設定したと言われている。詳
　　細情報は文部科学省ウェブサイト（http://www.mext.go.jp/b_menu/shingi/chukyo/
　　chukyo4/007/gijiroku/030101/2-1.htm）の「当初の「留学生受入れ 10 万人計画」の概要」
　　を参照のこと。

2)　同事業は、「大学改革」と「国際化」を断行し、国際通用性、ひいては国際競争力の強化
　　に取り組む大学の教育環境の整備支援を目的としている。タイプ A（トップ型）は 13 大学、
　　タイプ B（グローバル化牽引型）は 24 大学の合計 37 大学が採択されている。詳細情報は日
　　本学術振興会ウェブサイト（http://www.jsps.go.jp/j-sgu/）の「スーパーグローバル大学
　　創成支援」を参照のこと。

3)　「出島型プロジェクト」とは、大学の旧来のプログラムを国際化するアプローチではなく、
　　新規に「出島」のような国際プログラムを展開することをいう。政府によるプログラム申請
　　を行う際、学内の合意形成が困難であるため、出島型プロジェクトを展開するケースが見ら
　　れる。

4)　福田首相（当時）によって打ち出された政策で、日本を世界により開かれた国とし、ア
　　ジア、世界の間のヒト・モノ・カネ、情報の流れを拡大する「グローバル戦略」の一つ
　　としている。詳細情報は文部科学省ウェブサイト（http://www.mext.go.jp/b_menu/
　　houdou/20/07/08080109.htm）の「「留学生 30 万人計画」骨子の策定について」を参照の
　　こと。

5)　詳細データは、JASSO ウェブサイト（http://www.jasso.go.jp/statistics/intl_student/c_ichiran.html）の「外国人留学生年間短期受入れ状況調査」を参照のこと。

6)　図 11-1 においては、2009 年を境に人数が急激に増加しているが、これは、この年より試行的に協定等に基づかないで海外留学する日本人大学生を集計し始めたのが要因である。そのため、それまで把握されていなかった海外留学者数が統計に反映されるようになった。

7)　同プログラムは、2020 年までに 1 万人の高校生と大学生を派遣留学生として送り出す計画である。支援企業とともにグローバル人材コミュニティを形成し、産業界と世界で活躍できる人材育成を目的としている。詳細情報はトビタテ！ 留学 JAPAN ウェブサイト（http://tobitate.mext.go.jp/index.html）を参照のこと。

8)　ここでいう旗艦大学とは、大都市部に設置されている教育研究に実績のある大学をいう。例えば、旧帝国大学（北海道大学、東北大学、東京大学、名古屋大学、京都大学、大阪大学、九州大学）、東京 6 大学（早稲田大学、慶應義塾大学、明治大学、法政大学、東京大学、立教大学）、そして関西圏の関関同立（関西大学、関西学院大学、同志社大学、立命館大学）等の大学が該当する。

9)　世界大学学術ランキング（Academic Ranking of World Universities: ARWU）、THE 世界大学ランキング（Times Higher Education）、QS 世界大学ランキング（Quacquarelli Symonds）等があり、それぞれ異なった指標で、毎年世界の大学のランキングを発表している。

10)　佐藤（2012）では、大学と自治体が協働して留学生の受入れ・支援を行っている大分県、秋田県、福岡県の事例が紹介されている。

11)　国際教育交流従事者の世界大会で、5-6 月に開催される北米地域の NAFSA：Association of International Educators、9 月に開催される欧州地域の EAIE（European Association for International Education）、2-3 月に開催されるアジア太平洋地域の APAIE（Asia Pacific Association for International Education）がある。

参考文献

芦沢真五「持続可能な国際化を実現するために～大学国際化のための「ひと」「もの」「カネ」～」『大学マネジメント』2013 年 7 月号、pp.20-27、2013 年。

安達理恵「地方私立大学での国際化に対する教職員態度の研究」『グローバル人材育成教育研究』第 2 巻 1 号、pp.9-19、2015 年。

太田浩「日本人の内向き志向再考」横田雅弘、小林明編『大学の国際化と日本人大学生の国際志向性』pp.63-93、学文社、2013 年。

大場淳「大学職員研究の動向 ― 大学職員論を中心として ― 」『大学論集』第 46 集、広島大学高等教育研究開発センター、pp.91-106、2014 年。

工藤和宏、上別府隆男、太田浩「第 2 章　日本の大学国際化と留学生政策の展開」『日韓大学国

際化と留学生政策の展開』日本私立大学協会附置私学高等教育研究所、pp.13-52、2014 年。

舘昭「大学職員論」『IDE 現代の高等教育』2008 年 4 月号、pp.60-66、2008 年。

小林明「留学生の定義に関する比較研究」平成 19 年度文部科学省先導的大学改革推進経費による委託研究『年間を通した外国人学生受け入れの実態調査』（研究代表者　横田雅弘）pp.111-123、2008 年。

佐藤由利子「留学生受入れによる地域活性化の取組みと課題」『留学交流』2012 年 6 月号、pp.1-9、2012 年。

日本学生支援機構（2015a）「平成 26 年度外国人留学生在籍状況調査結果」。
http://www.jasso.go.jp/statistics/intl_student/data14.html、2015 年 9 月 30 日確認。

日本学生支援機構（2015b）「平成 25 年度協定等に基づく日本人学生留学状況調査結果」
http://www.jasso.go.jp/statistics/intl_student/data14_s.html、2015 年 9 月 30 日確認。

星野晶成「日本人大学生の東南アジア留学の現状とその特徴」『留学交流』2015 年 2 月号、pp.31-47、2015 年。

横田雅弘、小林明『大学の国際化と日本人学生の国際志向性』学文社、2013 年。

横田雅弘、太田浩、坪井健、白土悟、工藤和宏『岐路に立つ日本の大学：全国四年生大学の国際化と留学交流に関する調査報告』平成 15-17 年度科学研究費補助金（基盤研究 B）「日米豪の留学交流戦略の実態分析と中国の動向：来るべき日本の留学交流戦略の構築」研究成果報告書、2006 年。

Knight, J. Higher education in turmoil. *The Changing World of Internationalisation. Rotterdam, The Netherlands: Sense Publishers.* 2008 年

Institute of International Education *Open Doors 2014.* New York: Institute of International Education, 2014 年

Organization for Economic Co-operation and Development *Education at a Glance 2010: OECD Indicators.* OECD Pub, 2014 年
http://www.oecd.org/edu/Education-at-a-Glance-2014.pdf, 2015 年 9 月 30 日確認.

第 12 章

財 政 戦 略

12.1　大学における財政戦略の必要性

　大学は、学術の中心として、高い教養と専門的能力を培うとともに、深く真理を探究して新たな知見を創造し、これらの成果を広く社会に提供することにより、社会の発展に寄与する（教育基本法 第7条第1項）使命を持っている。これらの使命を果たすためには、裏付けとなる資金が必要であり、財政基盤の強化が大学に求められている。しかし、大学の財政環境は厳しく、十分な教育研究が行えなくなる危機に直面しており、中には、経営破たんした大学もある。今後、財政環境はより厳しさを増すと予想され、財政基盤強化のためには財政を戦略的に改善することが望まれる。

　本章では、まず、国私立大学 [1)] に関わる環境や課題について紹介し、次に、大学財政に重大な影響を及ぼす国の施策を検討する。そして、国立大学も私立大学も財政基盤強化のための戦略の重要性を認識し、財政戦略として中長期計画や戦略のエンジンとなる PDCA サイクルの重要性を私立大学の例を基に考えていく。最後に、財政戦略実施の好事例となる D 学園の事例を紹介する。

12.2　大学財政に関わる環境や課題

12.2.1　国立大学と私立大学の収入構造

　国立大学と私立大学とは収入構造が異なる（図 12-1，図 12-2）。比較のため国立大学と私立大学の収入構造を示す。国立大学では、国からの交付金である運営費交付金が収入全体の約 3 割強、同じく附属病院収益が約 3 割強を占めており、授業料等である学生納付金は収入全体の約 1 割に過ぎない。2013 年度の国立大学の附属病院収支は赤字（附属病院収益 9,667 億円、診療経費等 10,654 億円）のため、実質的に収入の大部分は運営費交付金といえる。これに対し、私立大学では学生納付金が収入全体の約 7 割強も占めている。つまり、国立大学は国からの運営費交付金に依存しており、私立大学は授業料等に依存している。したがって、国立大学の財政は国の政策に、私立大学の財政は入学者数に大きな影響を受けている。

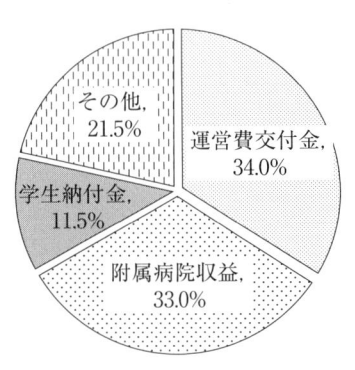

図 12-1　国立大学の収入構造
（2013 年度）[2)]

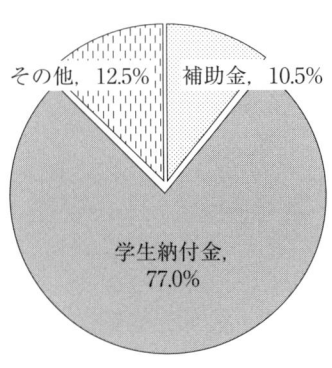

図 12-2　私立大学の収入構造
（附属病院除く 2012 年度）[3)]

12.2.2　国立大学の財政に関わる課題

　国家財政の悪化を受け、国立大学の基盤的経費を措置する運営費交付金は、2004 年度の法人化以降、徐々に減ってきている（表 12-1）。国立大学は、運

表 12-1　国立大学の収入における運営費交付金の推移⁴⁾

2004 年度	2008 年度	2012 年度
11,655 億円（100.0%）	11,318 億円（97.1%）	10,134 億円（86.9%）

営費交付金の減少により、十分な教育研究が行えなくなる危機に直面している。これを回避するには、受託研究収入などの外部資金の獲得や教育研究コストの効率化が必要となる。

12.2.3　私立大学の財政に関わる課題

　図12-3の通り18歳人口の減少等により、私立大学のうち入学定員を充たさない大学が約5割近くに達している（2012年度45.8%）。入学定員未充足の大学が増加するとともに、私立大学の財政は悪化している。2005年度以降、私立大学全体の約3割以上の大学が、帰属収支差額（以下では単に収支差額という）がマイナスとなっている。収支差額とは企業でいう利益のことであり、収支差額がマイナスとは、大学の財政が赤字であることを示している。特に2011年度には約4割（42.2%）の私立大学がマイナスとなっている。近年、私立大学の財政状態が悪化しつつある。

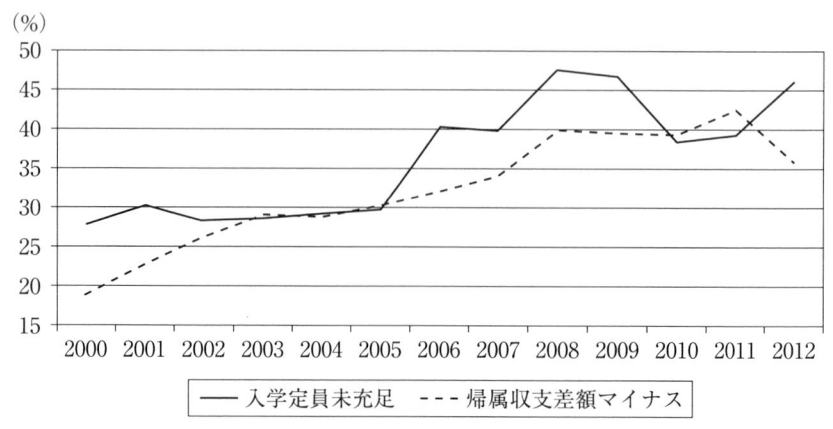

図12-3　私立大学の入学定員未充足及び帰属収支差額マイナス比率の推移⁵⁾

12.3 大学財政に関する政策的展開

12.3.1 国立大学への施策

　国立大学の財政や経営に関する施策に関しては、2015年6月16日に文部科学省より「国立大学経営力戦略」が、2015年6月1日に財政制度等審議会より「財政健全化計画等に関する建議」が公表された。「国立大学経営力戦略」では、財政基盤の強化が謳われており、運営費交付金を確保しつつ、改革に取り組む大学にメリハリある重点支援を実施し、加えて、各国立大学の自己収入拡大を促進するための規制緩和や、外部資金獲得へのインセンティブ拡大を図るものとしている。「財政健全化計画等に関する建議」は、財務省の審議会である財政制度等審議会が作成しており、国家財政の健全化の観点から各分野の歳出について意見が述べられている。教育分野では、基盤的経費を措置する運営費交付金は2004年度以降減少していることは認めつつも、特定の研究目的に配分される補助金等収入を合せると国の歳出は増加しており、現状でも十分に手厚いと論じている。教育研究水準の向上及び財政健全化のためには、より重点的な配分や収入の多様化による一層の効率的・効果的な大学運営を求めている。両者には、運営費交付金の確保か否かの違いはあるが、より重点的な配分や自己収入等の拡大による国立大学の財政基盤強化を求めている。

「国立大学経営力戦略」（文部科学省，2015）
・運営費交付金の確保　・メリハリある重点支援　・自己収入拡大等の支援

「財政健全化計画等に関する建議」（財務省，2015）
・より重点的な配分　・自己収入等の拡大

12.3.2 私立大学への施策

　私立大学への財政や経営に関する施策としては、（私立大学等を設置する）学校法人への経営支援、財務情報の公開、学校法人会計基準の改正が挙げられる。

・学校法人への経営支援[6]

　私立大学の質の保証を推進する観点から、経営上の課題を抱える学校法人について、早期の経営判断を促進することとしており、文部科学省は各学校法人の状況を詳細に分析し、必要に応じて日本私立学校振興・共済事業団と連携するなど経営相談・支援を充実させている。

・財務情報の公開

　学校法人が公共性の高い法人としての説明責任を果たし、在学生や保護者等関係者の理解と協力を一層得られるようにしていく観点から、財務情報の公開は重要である。文部科学省は、私立大学等を設置する学校法人に対し財務情報の公開を促している。2014年度では、私立大学を設置する学校法人の99.6%が財務情報をウェブサイトで公開している[7]。

・学校法人会計基準の改正

　学校法人の財務書類が、一般に理解しやすく、かつ的確に財政及び経営の状況が把握できるものになるよう、2015年度から会計基準が改正された。財務情報が、より分かりやすく改正され、一般への公開が促進されたことにより、私立大学は、文部科学省などから経営相談・支援を受けながら、自らの財務体質を強化せざるを得なくなった。

私立大学への施策
①　学校法人への経営支援　②　財務情報の公開　③　学校法人会計基準の改正

12.4　大学の財政戦略

　前述の通り、国立大学では基盤的経費としての運営費交付金が減少傾向にあり、国の施策でも一律の拡大は望めず、重点的な配分により大学間で格差が生じ、財政的に厳しい大学が今後生じる可能性がある。また、私立大学でも18歳人口の減少等により、収支差額がマイナス（赤字）の大学が約4割と財政的に厳しい大学が発生している。国立大学も私立大学でも、財政基盤強化のための戦略が重要になってくる。ここでは、私立大学を例に財政戦略を考える。

12.4.1 ビジョンと戦略

ビジョンとは、大学が想い描く将来なりたいと思う姿であり、ビジョンが戦略の出発点となる。具体的なビジョンを描き、現実とのギャップを把握して、どのようにそのギャップを埋めるかが戦略となる（図12-4）。戦略とは、山の頂上（ビジョン）を目指す登山コースに似ている。つまり、同じ山の頂上を目指すにしても、外部環境や大学の特性等により、選択する登山コース（戦略）が各大学によって異なるのである。

【例】

（現状）
　収支差額がマイナス（赤字）であり、資金の流出が止まらず、将来の大学存続が危ぶまれている。
（ビジョン）
　5年後の収支差額が黒字（または均衡）となり、大学の財政が安定化する。
（戦略）
　入学者数の増加により収入を増加させ、収支差額を黒字化する。

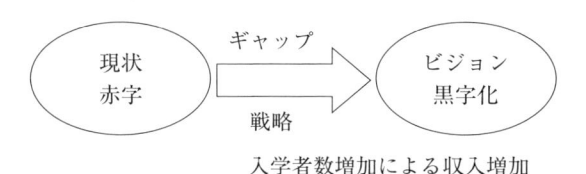

図12-4　ビジョンと戦略（筆者作成）

　具体的な財政戦略として、以下のものが考えられる。

　①入学者数の増加により授業料等の収入を増加させる。②後援会・同窓会と協力し寄付金収入を増加させる。③企業からの研究受託を獲得し受託研究収入を増加させる。④給与体系を見直し人件費支出を抑制する。⑤アウトソーシングの活用による経費支出を削減する。

12.4.2 中長期計画

　登山コース（戦略）を定めても、いつまでにどこにいるべきかという登山の行程表（計画）が必要になる。一般的に短期（1年）で財政が改善することは難しく、中長期の計画の策定が必要になる。国立大学の場合、法律で中期計画として6年と定まっているが、私立大学の場合、中長期計画の期間は定まっておらず、3年から5年または10年以上のものもある。

表 12-2　簡便な中長期計画の例

（筆者作成）

	現状	第1年度	第2年度	第3年度	第4年度	第5年度
①収入	240	245	255	275	305	340
②支出	300	305	310	315	320	325
③収支差額（①－②）	△60	△60	△55	△40	△15	15
④保有資金	250	190	135	95	80	95
⑤入学者数（人）	60	65	70	80	90	100

　表12-2の「現状」は、「③収支差額」が△60（マイナス）であり、この状況が5年続けば、「④保有資金」が不足となり大学の存続が困難となる。このため、「⑤入学者数」増加により収入を増加させる戦略を実行することにより「③収支差額」を改善し、第5年度には「③収支差額」が黒字化する計画である。それを実現するためには、「入学者数の増加により収入を増加させる」だけではなく、より具体的な入学者数増加への戦略が必要となる。図12-5は、一例として、「入学者の増加」には「学生募集力向上」が重要と考え、「学生募集力向上」のための施策、高校訪問の拡充や入試改革などを掲げている。ま

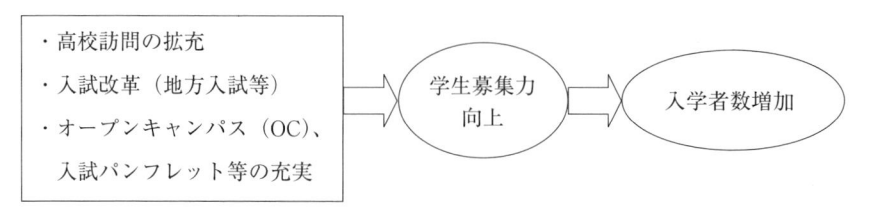

図 12-5　入学者増加の戦略図の例（筆者作成）

た、指標の設定やその目標数値も重要である。例えば、「入学者数増加」には「入学者数」「高校訪問の拡充」には「訪問数」などの指標が考えられ、第1年度に「入学者数　65人」「訪問数　100校」といった数値目標を設定することが、次期のPDCAサイクルを活用するにあたり必要となる。

12.4.3　PDCAサイクル

　ビジョンを描き、戦略を決定し、中長期計画を作成しても、ここで止まっては、財政の改善は望めない。計画を改善に結びつけるエンジンが必要となる。このエンジンとなるものがPDCA（Plan-Do-Check-Action）サイクルである。中長期計画等の策定（P）→計画に沿って施策を実行（D）→実行結果を評価

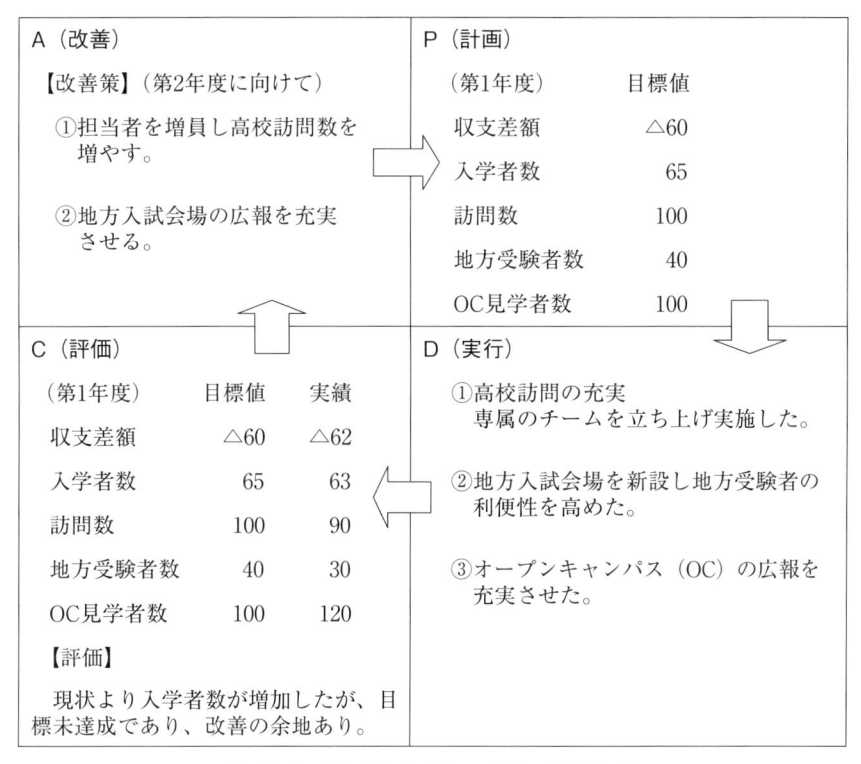

図12-6　PDCAサイクルの例（筆者作成）

（C）→ 目標未達成部分について改善策の検討（A）→ 中長期計画等の見直し（P）へと続いていく。PDCA サイクルを回すことにより、計画が改善され、ビジョンが達成されることになる。

12.5　D 学園の事例 [8)]

本節は、財政危機を契機に中長期計画を用いて改善活動を行っている D 学園の事例を紹介する。

【事例内容】

D 学園は、大学や高等学校等多数の学校を持つ総合学園である。同学園は、1970 年前後、大学新設や高校の生徒数減を主因に財政的に厳しい時期があった。その時期に 5 カ年にわたる「中期計画」をはじめて策定し、計画通りに実行したことにより経営を立て直した。その後も内容の見直しや名称も「中期経営計画」に改められて続いている。

【取組み内容】

同学園では、学園を取り巻く情勢を分析して問題点を整理し、全教職員に学園の置かれている状況と今後の進むべき道（目標）を中期経営計画に示して理解を求めている。また、中期計画の改善・改革の手法が進み、「計画立案 → 実施 → 評価・改善 → 方針策定」の一貫したサイクルが確立されている。

【評価】

中長期計画による改善・改革の効果はすぐに判定できるものではないが、同学園の場合には 30 年以上にわたる実績があり、手直しを加えながら実施されてきている。中長期計画の策定が目的となっている事例が多い中、計画実行のエンジンとなるサイクルも確立されており将来の目標に向かって、中長期計画が着実に遂行されている。

注

1)　国立大学と公立大学は、収入構造が交付金に依存している点で類似しているため、国立大学と私立大学について考察した。

2)　文部科学省ウェブサイト『国立大学法人等の平成 25 事業年度決算について』より筆者作成。http://www.mext.go.jp/a_menu/koutou/houjin/detail/__icsFiles/afieldfile/2014/11/28/1353583_01.pdf、2015 年 8 月 30 日確認。

国立大学法人等（90 法人）の収入（経常収益）合計 29,303 億円。

3)　日本私立学校振興・共済事業団『平成 25 年版 今日の私学財政 大学・短期大学編』特定非営利活動法人学校経理研究会、p.28 より大学部門について筆者作成。私立大学部門（588 大学）の収入（帰属収入）合計 32,946 億円（附属病院除く）。

4)　文部科学省ウェブサイト「国立大学法人等の平成 24 事業年度決算について」http://www.mext.go.jp/a_menu/koutou/houjin/detail/__icsFiles/afieldfile/2014/03/07/1342691_01.pdf、文部科学省ウェブサイト「国立大学法人等の平成 20 事業年度財務諸表の概要」http://www.mext.go.jp/b_menu/houdou/21/09/__icsFiles/afieldfile/2009/09/09/1284200_1.pdf、文部科学省ウェブサイト「国立大学法人の平成 16 事業年度財務諸表の概要」http://warp.da.ndl.go.jp/info:ndljp/pid/286184/www.mext.go.jp/b_menu/houdou/17/08/05090601/002.htm より筆者作成（2015 年 8 月 30 日確認）。

5)　日本私立学校振興・共済事業団ウェブサイト「平成 27（2015）年度私立大学・短期大学等入学志願動向」p.25、http://www.shigaku.go.jp/files/shigandoukou271.pdf、（2015 年 8 月 31 日確認）及び日本私立学校振興・共済事業団『平成 25 年度 版今日の私学財政大学・短期大学編』学校経理研究会、p.35、2013 年より筆者作成。

6)　文部科学省ウェブサイト「文部科学白書 2014」p.235、http://www.mext.go.jp/b_menu/hakusho/html/hpab201501/1361011_013.pdf、2015 年 9 月 2 日確認。

7)　文部科学省「平成 26 年度 学校法人の財務情報等の公開状況に関する調査結果について（通知）」26 高私参第 7 号、2015 年。

8)　日本私立学校振興・共済事業団『平成 18 年度文部科学省委託研究報告 大学経営強化調査研究 大学経営強化の事例集』pp.22-23、2007 年、http://www.shigaku.go.jp/jireishu_zenbun.pdf、2015 年 9 月 11 日確認。

参考文献

雑賀憲彦、大西美喜男『学校法人経営改善の手法』ぎょうせい、2004 年。

新日本有限責任監査法人『よくわかる 国立大学法人会計基準』白桃書房、2009 年。

日本私立学校振興・共済事業団『平成 20 年度版 大学経営の事例集』学校経理研究会、2009 年。

執筆者紹介
(執筆順)

岩崎　保道　（高知大学　IR・評価機構　教授）　編者、第 1 章の執筆を担当
　学　　歴：同志社大学大学院　総合政策科学研究科　博士後期課程修了：博士（政策科学）
　職　　歴：私立学校職員、琉球大学准教授を経て現職
　専門分野：高等教育政策、非営利法人の経営
　主な著書：編著『大学政策論』大学教育出版、2011 年。
　主な論文：単著「大学における休・退学防止の検討 ― 学内組織連携型の学生支援策に注目し
　　　　　　て―」関西大学教育開発支援センター『関西大学高等教育研究』第 6 号、pp.81-
　　　　　　86、2015 年。

宮嶋　恒二　（京都学園大学　教育開発センター室長）　第 2 章の執筆を担当
　学　　歴：同志社大学大学院　総合政策科学研究科　博士後期課程修了：博士（政策科学）
　職　　歴：京都学園大学事務職員
　専門分野：大学組織論
　主な著書：分担執筆（第 2 章）「学校法人の制度と経営」『非営利法人経営論』大学教育出版、
　　　　　　pp.20-38、2014 年。
　主な論文：単著「私立大学におけるガバナンスの有効性に関する実証研究」同志社大学政策
　　　　　　学会『同志社政策科学研究』第 17 号（第 2 号）、pp.83-97、2016 年。

高田　英一　（九州大学　大学評価情報室　准教授）　第 3 章の執筆を担当
　学　　歴：京都大学大学院法学研究科　修士課程修了：修士（法学）、九州大学：博士（学術）
　職　　歴：文部省（当時）、名古屋大学大学院教育発達科学研究科等を経て、現職
　専門分野：大学評価、IR、高等教育政策、非営利組織経営
　主な論文：共著「国立大学の職員における運営能力の現状と課題 ― 中期計画の進捗管理の
　　　　　　業務を中心に ―」『大学教育学会誌』第 36 巻第 2 号、pp.96-102、2014 年。

木村　拓也　（九州大学　基幹教育院　准教授）　第4章の執筆を担当
学　　歴：東京大学大学院教育学研究科修士課程修了、東北大学大学院教育情報学教育部博
　　　　　士後期課程中退、東北大学大学院教育学研究科より論文博士号取得：博士（教育
　　　　　学）
職　　歴：京都大学経済研究所助教、長崎大学アドミッションセンター准教授を経て現職
　　　　　教育社会学会理事
専門分野：教育社会学
主な論文：「大学入学者選抜と『総合的かつ多面的な評価』―46答申で示された科学的根拠
　　　　　の再検討―」日本教育社会学会編『教育社会学研究』第80号、pp.165-186、
　　　　　2007年。

谷ノ内　識　（学校法人　追手門学院　総務室広報課長）　第5章の執筆を担当
学　　歴：同志社大学大学院　総合政策科学研究科　博士課程修了：博士（政策科学）
職　　歴：1999年NHK入局、記者。2006年より学校法人　追手門学院　事務職員
専門分野：広報・PR論、ブランド論、大学経営論
主な論文：単著「大学における広報活動の効果に関する研究：大学職員を対象とした調査結
　　　　　果をもとに」日本広報学会『広報研究』第18号、pp.21-34、2014年。

中元　崇　（京都大学　企画・情報部情報推進課総務掛長）　第6章の執筆を担当
学　　歴：奈良教育大学大学院　教育学研究科　修士課程修了：修士（教育学）
　　　　　現在名古屋大学大学院教育発達科学研究科博士後期課程に在学中
職　　歴：2002年に奈良教育大学に採用され、翌年京都大学に転任。（財）大学コンソーシ
　　　　　アム京都、（独）大学評価・学位授与機構等への出向経験を持ち、2017年4月か
　　　　　ら現職
専門分野：大学連携・大学コンソーシアム、大学職員の人材育成など
主な論文：単著「大学間提携の研究における分析枠組について―戦略的提携論からの示唆
　　　　　を中心に―」『大学行政管理学会誌』第15号、pp.53-61、2011年。

梶　英樹　（高知大学　地域連携推進センター　地域コーディネーター（UBC）特任助教）
　　　　　第7章の執筆を担当
学　　歴：関西大学法学部政治学科卒業、英国バーミンガム大学公共政策大学院公共経営学
　　　　　修士課程修了
職　　歴：大阪府職員、国際NGO職員を経て現職
専門分野：ファンドレイジング、非営利組織経営、社会的協働

主な著書：共著『NPO のための CSR 入門』大阪ボランティア協会出版部、2006 年。

あおやま　こういちろう
青山　幸一郎　（関西学院大学 経済学部非常勤講師）　第 8 章の執筆を担当
　学　　　歴：同志社大学卒業、大阪商業大学大学院 地域政策学研究科 修士課程修了：修士
　　　　　　　（地域政策学）
　職　　　歴：民間企業勤務を経て現職
　専門分野：経済地理、ベンチャービジネス
　主な論文：共著「私立大学発ベンチャービジネス振興のための政策検討 ― 大学間格差の実
　　　　　　　態と課題解決の考察 ―」同志社大学大学院 総合政策科学会『同志社政策科学研
　　　　　　　究』9（1）、pp.113-132、2007 年。

ふか の　　まさゆき
深野　政之　（大阪府立大学 高等教育推進機構 准教授）　第 9 章の執筆を担当
　学　　　歴：早稲田大学卒業、桜美林大学大学院 国際学研究科 博士後期課程満期退学
　職　　　歴：私立大学職員、大学コンソーシアム京都、一橋大学を経て 2013 年より現職
　専門分野：カリキュラム論、大学史、FD
　主な論文：単著「アメリカ大学カレッジ協会によるカリキュラム提言」『一橋大学・大学教
　　　　　　　育研究開発センター年報』pp.51-68、2012 年。

はやし　　とおる
林　透　（山口大学 大学教育機構 大学教育センター 准教授）　第 10 章の執筆を担当
　学　　　歴：京都大学卒業、名古屋大学大学院 教育発達科学研究科博士後期課程修了：博士
　　　　　　　（教育）
　職　　　歴：国立大学職員、北陸先端科学技術大学院大学特任准教授を経て現職
　専門分野：大学組織研究、高等教育質保証研究、大学職員論、キャリア開発
　主な著書：単著『高等教育における視学委員制度の研究 ― 認証評価制度のルーツを探る ―』
　　　　　　　東信堂、2014 年。
　主な論文：単著「大学における組織開発（OD）の試みと課題〜教職協働から教職学協働へ〜」
　　　　　　　大学基準協会『大学職員論叢』第 3 号、pp.49-58、2015 年。

ほし の　　あきなり
星野　晶成　（名古屋大学 国際機構国際教育交流センター講師）
　　　　　　　第 11 章の執筆を担当
　学　　　歴：創価大学文学部卒業、ミネソタ大学大学院教育学研究科修士課程修了（M.Ed.）
　職　　　歴：関西外国語大学国際交流部職員を経て現職
　専門分野：大学の国際化、国際学生移動、日本人の海外留学、国際教育交流担当者の人材育成
　主な論文：単著「日本人大学生の東南アジア留学の現状とその特徴」『留学交流』Vol.47、

pp.31-47、2015。

渡部　留美^{わたなべ　るみ}（東北大学高度教養教育・学生支援機構グローバルラーニングセンター准教授）
　　　　　　第 11 章の執筆を担当

学　　　歴：神戸大学大学院　総合人間科学研究科博士後期課程修了：博士（学術）

職　　　歴：大阪大学特任研究員、特任助教、名古屋大学特任講師、特任准教授を経て現職

専門分野：留学生教育、異文化間教育、国際教育交流論

主な論文：単著「国際教育交流担当者の専門性とキャリア形成〜現状と課題〜」大学マネジ
　　　　　メント研究会編『大学マネジメント 6 月号』pp.23-28、2014 年。

加藤　伸二^{かとう　しんじ}（公認会計士　加藤伸二事務所　所長）　第 12 章の執筆を担当

学　　　歴：名古屋市立大学　経済学部経済学科卒業

職　　　歴：1989 年公認会計士　加藤伸二事務所を開設し、現在に至る

専門分野：非営利法人の会計・監査・税務

主な著書：単著「大学会計（国立大学会計、学校法人会計）」、岩崎保道編著『大学政策論』
　　　　　大学教育出版、pp.200-217、2011 年。

主な論文：共著「医療法人の再生に向けた政策的対応のための基礎的考察」熊本大学政策創
　　　　　造研究教育センター『熊本大学政策研究』創刊号、pp.3-25、2010 年。

大学の戦略的経営手法

2016 年 4 月 20 日　初版第 1 刷発行
2018 年 4 月 20 日　初版第 2 刷発行

■ 編 著 者 ── 岩崎保道
■ 発 行 者 ── 佐藤　守
■ 発 行 所 ── 株式会社 大学教育出版
　　　　　　　　〒 700-0953　岡山市南区西市 855-4
　　　　　　　　電話 （086）244-1268　FAX （086）246-0294
■ 印刷製本 ── モリモト印刷 ㈱

ISBN978 − 4 − 86429 − 358 − 7